ÉTUDE

SUR LA

OPRIÉTÉ LITTÉRAIRE

ARTISTIQUE

ET INDUSTRIELLE

DE LA LÉGISLATION ET DE LA JURISPRUDENCE

PAR

ADOLPHE BOURDEILLETTE,

Docteur en Droit,

JUGE AU TRIBUNAL CIVIL DE DAX.

PÉRIGUEUX

MPRIMERIE CASSARD FRÈRES,

RUE DENFERT-ROCHEREAU, 3, PRÈS DE LA CATHÉDRALE.

1894.

ÉTUDE

SUR LA

PROPRIÉTÉ LITTÉRAIRE, ARTISTIQUE

ET INDUSTRIELLE.

ÉTUDE

SUR LA

PROPRIÉTÉ LITTÉRAIRE

ARTISTIQUE

ET INDUSTRIELLE

RÉSUMÉ DE LA LÉGISLATION ET DE LA JURISPRUDENCE

PAR

ADOLPHE BOURDEILLETTE,

Docteur en Droit,

JUGE AU TRIBUNAL CIVIL DE DAX.

PÉRIGUEUX

IMPRIMERIE CASSARD FRÈRES,

RUE DENFERT-ROCHEREAU, 3, PRÈS DE LA CATHÉDRALE.

1894.

INTRODUCTION

Malgré l'adage ancien et dont l'application sera toujours d'une nécessité primordiale « *nemo censetur ignorare legem* », les lois qui gouvernent la propriété littéraire, artistique et industrielle, d'un intérêt cependant si courant et si général, sont ordinairement peu connues. C'est pourquoi nous avons pensé qu'il ne serait peut-être pas inutile de résumer, dans une étude courte et accessible à tous, les règles essentielles de cette partie de notre législation.

Le législateur de 1804, après avoir donné l'énumération et la classification des biens, meubles et immeubles, dans les articles 516 et suivants du Code civil, définit ainsi le droit de propriété qui peut s'exercer sur ces biens : « La propriété est le droit de jouir et de disposer des choses de la manière la plus absolue, pourvu qu'on n'en fasse pas un usage prohibé par les lois ou par les règlements. » (Art. 544.)

Or, si l'on passe en revue l'énumération des biens à laquelle nous venons de faire allusion, on s'aperçoit qu'elle a trait uniquement à des choses susceptibles d'appréhension, d'appropriation matérielle, à des choses palpables, en un mot, comme constituant des éléments appréciables en étendue, qualité ou quantité de l'univers visible et tangible. Mais on n'y voit aucune place attribuée à ces biens, pourtant si précieux, qui constituent ce qu'on peut appeler le domaine immatériel de la pensée, je veux parler de ces nobles productions de l'esprit, de l'intelligence, de l'imagination, du goût qui, fixées par l'imprimerie, par la gravure, par la peinture, viennent, chaque jour, agrandir et embellir, à travers les âges, la richesse intellectuelle et artistique de l'humanité. Que faut-il conclure de ce silence gardé par les rédacteurs de notre Code ? Doit-on l'attribuer à une omission regrettable ? Faut-il, au contraire, l'envisager comme une marque de défaveur donnée à des choses que le législateur aurait entendu, de propos délibéré, exclure de la catégorie des biens proprement dits, soit parce qu'il les aurait jugées de minime importance, soit parce qu'elles ne lui auraient pas paru de nature à engendrer des droits susceptibles d'une règlementation, à cause de leur caractère pour ainsi dire immatériel, soit enfin parce qu'il les aurait envisagées comme faisant partie d'un patrimoine commun à tous les hommes ? Nous ne le pensons pas et nous ne saurions nous arrêter un instant à de semblables conjectures. Un tel oubli, une pareille défaveur, une conception aussi injuste d'un patrimoine commun n'ont pu, selon nous, influer sur l'œuvre de ceux qui ont présidé à l'élaboration d'un Code aussi équitable que le nôtre.

Toute production de la pensée, en effet, ne suppose-t-elle pas de la part de celui qui l'a tirée du monde invisible, qui l'a fixée en lui donnant sa forme extérieure, un ensemble de qualités non seulement naturelles mais aussi laborieusement acquises, d'efforts persévérants et d'observations de chaque jour? Et s'il est vrai de dire que le résultat de ces efforts, de cette initiative individuelle doit pouvoir profiter à chacun, n'est-il pas bien légitime, bien naturel, que la société qui reçoit un bienfait de ce genre reconnaisse, en retour, à celui qui en est l'auteur un droit exclusif de retirer un revenu pécuniaire de ses œuvres? Car ne serait-ce pas la négation du droit naturel et civil que d'empêcher quelqu'un de jouir exclusivement du gain matériel d'un ouvrage qui est le fruit ou le résultat de son travail?

De même celui qui, dans l'industrie, invente un produit nouveau, ou donne le moyen de perfectionner un produit, déjà existant, devra avoir, par identité de raison, un droit exclusif sur son invention.

Mais des biens d'une nature particulière appelaient une règlementation particulière. C'est pourquoi on a eu recours à des lois spéciales pour combler la lacune dont nous venons de parler, et l'on a pu donner, improprement, selon quelques-uns, très justement et très légitimement selon nous, le nom de propriété littéraire, de propriété industrielle, aux droits reconnus aux auteurs et aux inventeurs.

Sans doute, on peut discuter sur ce point et notamment prétendre que la propriété ainsi dénommée ne constitue pas, comme la propriété des biens ordinaires, un droit réel proprement dit : elle n'en constitue pas moins une propriété réunissant en fait la plupart des attributs et privilèges qui sont inhérents à ce droit et jouissant de la protection qui s'y rattache. D'ailleurs, cette discussion sur la nature du droit dont nous nous occupons sera exposée dans un des chapitres qui vont suivre.

Comment, au surplus, méconnaître l'importance de cette propriété littéraire ou industrielle qui s'applique à des objets susceptibles d'accélérer la marche en avant de l'humanité, soit en aidant à l'émancipation intellectuelle de chacun, soit en agrandissant le champ précieux des découvertes industrielles ?

Nous nous sommes proposé de condenser, dans une étude aussi brève et aussi exacte que possible, les principes généraux de la matière, disséminés dans des textes législatifs et des arrêts nombreux.

Nous traiterons, tout d'abord, de la propriété littéraire, et dans la deuxième partie de cette étude nous donnerons un très court aperçu de la propriété industrielle. Nous ne saurions, en effet insister longuement sur cette dernière, tant à cause de son étendue qu'à cause des proportions exiguës que comporte cette étude. Il nous a paru néanmoins intéressant de retracer les principales règles qui la gouvernent, afin qu'on puisse juger des similitudes et des différences qu'elle offre avec la propriété littéraire. Ces deux propriétés, qui sont régies chacune par une législation spéciale, ne sont-elles pas, en effet, également dignes d'intérêt, ne concourent-elles pas, par leur objet, au même but, qui est de féconder le champ du progrès social et humain, et ne pourrait-on pas les comparer justement à deux sœurs germaines puisqu'elles sont, toutes les deux, filles du génie humain, qui est un rayon de Dieu, nées de l'idée créatrice qui a pris son victorieux essor.

PREMIÈRE PARTIE.

PROPRIÉTÉ LITTÉRAIRE ET ARTISTIQUE.

CHAPITRE Ier.

HISTORIQUE.

Les lettres et les beaux arts qui, dans l'antiquité, à Rome et en Grèce particulièrement, brillèrent d'un si vif éclat et dont des monuments remarquables, perpétuant les noms et le souvenir de leurs auteurs, nous ont été conservés à travers les âges, n'ont pas paru avoir attiré d'une façon spéciale l'attention du législateur.

On chercherait vainement la trace d'une disposition de loi réglementant ou protégeant, à cette époque reculée, les droits des écrivains, peintres, sculpteurs ou musiciens. Est-ce parce que nul ne songeait à contester ces droits, qu'on considérait comme trop naturels et trop évidents pour les entourer de règles particulières ? Est-ce par suite du respect, pour ainsi dire superstitieux, qu'on devait avoir pour eux et qui réprimait toute velléité de fraude ou d'usurpation ? Ou serait-ce, au contraire, que les moyens de fraude étaient moins développés qu'aujourd'hui, la publication et la reproduction des œuvres littéraires ou artistiques étant forcément très limitées ? Nous ne pouvons que nous livrer à des conjectures sur ce point. Il paraît néanmoins bien établi que le commerce de la librairie existait, notamment à Rome, et que la perception des droits d'auteurs n'était pas chose inconnue. En France, il faut traverser, sans s'arrêter, les siècles de barbarie et même le moyen-âge, quoique celui-ci ait vu éclore des chefs-d'œuvre d'architecture et de sculpture, et arriver aux années qui suivirent la découverte et les premières applications de l'imprimerie pour pouvoir rencontrer une trace de règlementation législative ayant trait aux œuvres de l'esprit. On sait que l'imprimerie, inventée en 1436, fut appliquée pour la première fois à Paris vers 1470. Dès que cet instrument merveilleux de propagation de la pensée eut commencé à fonctionner, nos rois ne tardèrent pas à comprendre qu'il fallait lui accorder faveur et protection. Aussi voit-on des lettres-patentes de Louis XI en 1475 et de Charles VIII en 1488, concéder des avantages aux imprimeurs. Peu de temps après, Louis XII dans sa *Déclaration de Blois*, du 13 avril 1513, rendait hommage en ces termes aux premiers bienfaits de l'imprimerie : « Pour la considération du grand bien qui est advenu en notre royaume au moyen de l'art et science de l'impression, *l'invention de laquelle semble être plus divine qu'humaine,* laquelle, grâce à Dieu, a été trouvée et inventée de notre temps..., par laquelle notre sainte foi catholique a été grandement augmentée et corroborée, justice mieux entendue et administrée, et le divin service plus honorablement et curieusement fait, dit et célébré, au moyen de quoi tant de bonnes et salutaires doctrines ont été manifestées, communiquées et publiées à tout chacun, etc... »

Aux progrès de l'imprimerie devait nécessairement correspondre une progression dans le nombre des auteurs. Ceux-ci ou plutôt les libraires auxquels ils cédaient leurs manuscrits à imprimer ne tardèrent pas à réclamer pour la sauvegarde de leurs droits sur des œuvres qui, publiées une première fois, pouvaient être impunément reproduites. De là la concession de privilèges qu'une ordonnance de Moulins de 1566, rendue sur le rapport du Chancelier de l'Hôpital, leur permit, pour la première fois, de demander à l'autorité royale; la Déclaration de Charles IX, du 16 avril 1571, et les lettres-patentes de Henri III, du 12 octobre 1586, furent relatives au même objet. Mais ces privilèges concédés aux imprimeurs pour un temps plus ou moins long avaient principalement pour but de réprimer la contrefaçon, ainsi que leur forme, reproduite à la fin de chaque livre gratifié d'un privilège, en fait foi : « Lettres du Roi (adressées) : à nos amés et féaux conseillers, les gens tenans nos cours de Parlement..., et autres nos justiciers (portant) défenses à tous libraires et imprimeurs, et autres personnes de quelque qualité et condition qu'elles soient, d'introduire aucune impression étrangère (c'est-à-dire aucune contrefaçon) dans aucun lieu de notre obéissance. »

D'autres prescriptions de l'autorité royale contenues dans un règlement de 1618, dans des arrêts du Conseil des 11 septembre 1665 et 27 février 1682, dans un édit d'août 1686 et dans le règlement du 28 février 1723 vinrent corroborer les premières. L'édit du mois d'août 1682 défendit même la contrefaçon, sous peine de punition corporelle en cas de récidive. Toutefois il ne faut guère voir dans ces premiers privilèges et prohibitions, employés aussi dans d'autres pays de l'Europe, qu'une règlementation de l'imprimerie, édictée à la fois dans un but de protection et de défiance. Quant à la propriété littéraire proprement dite, elle n'était guère en jeu : l'auteur disparaissait derrière le libraire auquel il avait cédé son manuscrit pour un prix une fois payé ; l'auteur était sacrifié. Cet état de choses ne varia guère durant tout le cours des XVIe et XVIIe siècles.

Ce n'est qu'au XVIIIe siècle que les idées sur la propriété littéraire et artistique, et sur sa légitimité, commencèrent réellement à se faire jour. Encore faut-il arriver à l'année 1777 pour les voir se formuler, en ce qui concerne la propriété littéraire tout au moins, en un acte législatif réalisant sur ses devanciers un progrès sérieux mais encore incomplet. En effet, un double arrêt du Conseil fut rendu, le 30 août 1777, pour la reconnaissance et la protection plus rigoureuse des droits des imprimeurs et des auteurs. Le préambule du premier arrêt de cette date est conçu en des termes qu'il est intéressant de reproduire, car ils renferment en partie l'explication et le but des prescriptions qui vont suivre. Ils sont les suivants : « Le roi s'étant fait rendre compte, en son conseil, des mémoires respectifs de plusieurs libraires, tant de Paris que des provinces, sur la durée des privilèges et sur la *propriété* des ouvrages, Sa Majesté a reconnu que le privilège en librairie est *une grâce fondée en justice*, et qui a pour objet, *si elle est accordée à l'auteur, de récompenser son travail ;* si elle est obtenue par un libraire, de lui assurer le remboursement de ses avances et l'indemnité de ses frais ; que cette différence dans les motifs qui déterminent les privilèges en doit produire une dans sa durée ; *que l'auteur a sans doute un droit plus assuré à une grâce plus étendue*, mais que le libraire ne peut se plaindre, si la faveur qu'il obtient est proportionnée au montant de ses avances et à l'importance de son entreprise ; que la perfection de l'ouvrage exige cependant qu'on en laisse jouir le libraire pendant la vie de l'auteur avec lequel il a traité, mais qu'accorder un plus long terme, ce serait convertir une jouissance de grâce en une propriété de droit, et perpétuer une faveur contre la teneur même du titre qui en fixe la durée ; ce serait consacrer le monopole, en rendant un libraire le seul abitre à toujours du prix d'un livre ; ce serait enfin laisser subsister la source des abus et des contrefaçons, en refusant aux imprimeurs de province un moyen légitime d'employer leurs presses. Sa Majesté a pensé qu'un règlement qui restreindrait le droit exclusif des libraires au temps qui sera porté dans le privilège ferait leur avantage, parce qu'une puissance limitée, mais certaine, est préférable à une puissance indéfinie, mais illusoire ; qu'il ferait l'avantage du public, qui doit espérer que les livres tomberont à une valeur proportionnée aux facultés de ceux qui veulent se les procurer ; qu'il serait favorable aux gens de lettres, qui pourront, après un temps donné, faire des notes et des commentaires sur un auteur, sans que personne puisse leur contester le droit de faire imprimer le texte ; qu'enfin ce règlement serait d'autant plus utile qu'il ne pourrait qu'augmenter l'activité du commerce, et exciter entre tous les imprimeurs une émulation favorable aux progrès et à la perfection de leur art. » — Suivent les prescriptions contenues dans treize articles. Les articles 1, 2, 3 et 4 imposent aux libraires l'obligation de demander et d'obtenir, préalablement à l'impression de tout ouvrage, un privilège dont la durée ne pourra être moindre de dix années, mais sera toujours limitée à la vie de l'auteur ; de plus, la continuation de ce privilège ne pourra être sollicitée qu'autant qu'il y aura dans le livre augmentation au moins d'un quart. L'article 5 surtout est important, à notre point vue ; car il semble consacrer la perpétuité du droit de l'auteur : « Tout auteur, porte cet article, qui obtiendra en son nom le privilège de son ouvrage, aura le droit de le vendre chez lui sans qu'il puisse, sous aucun prétexte, vendre ou négocier d'autres livres ; et *jouira de son privilège, pour lui et ses hoirs à perpétuité,* pourvu qu'il ne le retrocède à aucun libraire, auquel cas la durée du privilège sera, par le fait seul de la cession, réduite à celle de la vie de l'auteur. »

Nous ne citerons pas le texte des articles suivants, qui n'offrent qu'un intérêt secondaire. L'article 5 que nous venons de mentionner, si nous le rapprochons des considérations renfermées dans le préambule du présent arrêt, paraît bien impliquer une reconnaissance formelle du droit des auteurs en lui attribuant un caractère de perpétuité.

Malheureusement ce droit est encore considéré, on peut s'en convaincre par la lecture des textes précédents, comme une simple grâce de l'autorité royale et non point comme l'attribut légitime d'une propriété véritable. Cette faveur royale marquait néanmoins, il faut en convenir, un acheminement sensible vers le progrès et vers l'amélioration du sort des auteurs.

Le second arrêt, du 30 août 1777, corroborait, pour ainsi dire, le précédent, et lui servait de sanction en punissant sévèrement la contrefaçon : la peine prononcée était de 6,000 livres d'amende pour la première fois, de pareille amende et de déchéance d'état en cas de récidive. De plus, les exemplaires, saisis comme contrefaits ou imprimés sans permission, étaient mis au pilon.

La Révolution ne devait pas tarder à changer cet état de choses et à le remplacer par un nouveau.

Son premier acte législatif, relatif à notre matière, fut un décret du 19 janvier 1791, voté par l'Assemblée Constituante, qui, tout en proclamant la liberté des théâtres, assurait la protection des œuvres dramatiques.

Après avoir, dans l'article 1er de ce décret, autorisé tout citoyen à élever un théâtre public et à y faire représenter des pièces de tous genres, moyennant une déclaration préalable faite à la municipalité, le législateur ajoute dans les articles 2, 3 et 5 que « les ouvrages des auteurs morts, depuis cinq ans et plus, sont une propriété publique, et peuvent, nonobstant tous *anciens privilèges qui sont abolis,* être représentés sur tous les théâtres indistinctement; que les ouvrages des auteurs vivants ne pourront être représentés sur aucun théâtre public, dans toute l'étendue de la France, *sans le consentement formel et par écrit des auteurs*, sous peine de confiscation du produit total des représentations au profit des auteurs ; que les héritiers ou cessionnaires des auteurs *seront propriétaires de leurs ouvrages durant l'espace de cinq années après la mort de l'auteur.* » Ainsi nous trouvons le terme de *propriété*, expressément employé par le législateur, pour qualifier le droit des auteurs d'œuvres dramatiques qui, depuis Corneille, n'avaient joui d'aucune protection légale, si l'on excepte les règlements, à peu près illusoires, de 1685 et de 1697.

Un décret subséquent du 19 juillet 1791, rendu comme sanction du précédent, prononce la confiscation du produit total des représentations qui seraient faites au mépris des prescriptions ci-dessus relatées. Il porte, en outre, que la « convention entre les auteurs et les entrepreneurs des spectacles sera parfaitement libre ; et que la rétribution des auteurs, convenue entre eux ou leurs ayants-cause et les entrepreneurs de spectacle, ne pourra être ni saisie ni arrêtée par les créanciers des entrepreneurs de spectacle. »

Mais jusqu'à présent il n'a été question, soit dans les deux décrets de 1791, soit dans la législation antérieure, que des œuvres intellectuelles destinées à être imprimées ou représentées sur un théatre. Nous arrivons à un décret qui est beaucoup plus général, plus compréhensif, pouvons-nous dire, car il s'applique non seulement aux écrits de genre, mais aux compositions de musique et aux œuvres des peintres et dessinateurs.

Ce décret, qui porte la date des 19-24 juillet 1793, reconnaît formellement le droit de propriété des auteurs, compositeurs de musique, peintres et dessinateurs, mais en le restreignant, à l'instar du décret du 19 janvier 1791, à la durée de dix ans pour leurs héritiers ou cessionnaires.

Il punit, en outre, la contrefaçon.

Voilà assurément des dispositions favorables aux auteurs. Mais, malgré la reconnaissance formelle de leur droit de propriété, ne pourrait-on pas dire que nous sommes loin de l'arrêt du 30 août 1776, qui accordait à tout auteur, ayant obtenu un privilège, *le droit d'en jouir à perpétuité pour lui et ses hoirs*, à condition de ne le rétrocéder à aucun libraire ? On est bien forcé de reconnaître que le mot de « propriété » employé à la place de celui de « privilège » est un peu théorique puisque l'essence du droit de propriété est de recevoir le moins de limitation possible et que nous le voyons ici singulièrement amoindri dans sa durée.

Sans nous arrêter à cet ordre d'idées, que nous aurons à envisager de nouveau dans le cours de cette étude, bornons-nous à faire remarquer que ce décret du 19 juillet 1793, qui forme la base de la législation sur notre matière, a vu ses dispositions successivement complétées ou abrogées en partie par le décret du 5 février 1810 et les lois subséquentes des 3 août 1844, 8 avril 1854, 14 juillet 1866.

Ces divers actes législatifs, dont nous nous occuperons bientôt, ont reconnu à la veuve un droit exclusif sur les œuvres de son mari prédécédé, innovant en ceci sur la législation antérieure, et ont étendu progressivement la durée du droit de propriété concédé, après le décès des auteurs, soit à leurs enfants, soit à leurs héritiers, successeurs irréguliers, donataires ou légataires.

Ajoutons que notre Code pénal de 1810 a édicté, dans les articles 425 à 429, des peines destinées à protéger le droit des auteurs en atteignant la contrefaçon.

CHAPITRE II.

DE LA NATURE DU DROIT DE L'AUTEUR. — DIVERS SYSTÈMES EN PRÉSENCE. — DROIT DE L'AUTEUR LIMITÉ PAR LE DROIT SOCIAL. — NOTRE OPINION PERSONNELLE.

Ainsi le droit des auteurs sur leurs œuvres, littéraires ou artistiques, n'est plus une pure abstraction : il est définitivement consacré et protégé par la loi positive.

Mais quelle est la nature de ce droit que le législateur moderne qualifie ordinairement « propriété » ou « jouissance », et dont l'exercice, l'existence même étaient, d'après la législation antérieure, inséparables de la concession d'un privilège ? Est-ce bien un droit de propriété véritable ou n'est-ce réellement qu'un simple privilège, et selon les termes mêmes de l'arrêt du Conseil du 30 août 1777 « une grâce fondée en justice pour récompenser le travail de l'auteur ? »

Assurément la distinction a de l'importance, car elle ne se relie pas seulement à des questions de droit naturel et de métaphysique pure : elle intéresse la réglementation même du droit, dont l'exercice doit être limité ou accru le plus possible, selon qu'il découle d'une concession bénévole du législateur ou d'une attribution naturelle et inviolable de la propriété.

Il nous paraît, à première vue, que nous nous trouvons bien ici en présence d'un droit de propriété véritable et légitime entre tous : il suffit, croyons-nous, pour se pénétrer de cette idée, de faire appel au simple bon sens corroboré par la conception primordiale et, pour ainsi dire, immédiate, que nous nous faisons de la propriété en général.

Toutefois, comme cette opinion, ainsi formulée, ne saurait prévaloir *de plano*, et qu'il y a lieu, avant de l'ériger en principe, de tenir compte de l'avis contraire de nombre d'auteurs distingués qui peuvent tirer argument, en faveur de leur thèse, des applications contraires à notre idée faites par la législation ancienne, voire même des fluctuations et contradictions apparentes des textes législatifs modernes, nous croyons qu'il convient tout d'abord de donner, d'une façon impartiale, un aperçu sommaire des systèmes que la présente question a fait surgir et des arguments qui en forment la base. Ces systèmes peuvent se ramener à trois.

Premier système. — C'est celui des partisans de la propriété des auteurs. Il est juste, disent ceux-ci, que celui qui fournit un travail jouisse exclusivement du résultat de ce travail.

C'est là le principe premier de la propriété foncière. Celui qui défriche un champ, qui l'ensemence, le féconde par son industrieuse activité et ses efforts de chaque jour, n'a-t-il pas, à l'exclusion de tout autre, le droit de percevoir les fruits que donne ce champ, et concevrait-on qu'un étranger puisse venir le dépouiller du résultat de son travail ? Evidemment le fait d'un individu venant ainsi, contre le gré d'autrui, s'arroger le droit de profiter d'un travail auquel il a été étranger, serait considéré comme une usurpation véritable.

Pourquoi en serait-il différemment pour une œuvre émanée de l'intelligence ou du génie ?

Qu'on prenne, par exemple, un ouvrage écrit sur un sujet quelconque ; ne représente-t-il pas, de la part de celui qui l'a créé, une somme de méditations, d'observations, d'efforts intellectuels, en un mot une dépense de temps et de travail, tant pour l'enchaînement et le classement des idées que pour la forme dont il a fallu les revêtir ? N'est-il pas légitime dès lors d'attribuer, comme en matière de propriété foncière, à celui qui a fourni ce travail un droit de propriété sur la chose qui en est le résultat ? Evidemment la raison de décider est la même, car le travail de la pensée ne saurait être traité plus défavorablement que le travail des mains. S'appuyant non seulement sur cet argument, qui légitime la propriété littéraire ou artistique, comme née du travail, mais encore sur le bénéfice que retire ordinairement la société de toute production nouvelle de l'intelligence, les partisans de ce système concluent que l'auteur doit avoir sur ses œuvres un droit absolu et perpétuel.

Deuxième système.—Il est complètement l'opposé du précédent. On dénie à l'auteur un droit quelconque sur ses œuvres dès qu'il les a rendues publiques. Celui qui a créé un manuscrit en est bien le véritable propriétaire, il peut en user, en disposer à sa guise ; mais dès qu'il l'a publié, qu'il en a vendu des copies imprimées, il n'en est plus le maître ; car c'est le propre, dit-on, de la propriété littéraire de se détruire en s'aliénant. Il en est de même pour toute œuvre artistique reproduite par la gravure ou autrement ; dès qu'elle est publiée et vendue, elle tombe dans le domaine public.

Certains nient même d'une façon absolue la possibilité de l'existence de la propriété intellectuelle dont l'objet ne serait pas, à leur avis, susceptible d'appropriation, étant une chose commune à tous, comme l'air et le feu. C'est ainsi que M. Renouard, auteur bien connu, émet la théorie suivante : « Les productions, les travaux de l'intelligence, que sont-ils ? Une nouveauté de combinaisons dans les résultats de la pensée. Or, comment douter que, par son essence, la pensée n'échappe à toute appropriation exclusive ? Lorsqu'elle passe dans les esprits qui la reçoivent, elle ne cesse pas d'appartenir à l'esprit dont elle émane ; elle est comme le feu qui se communique et s'étend sans s'affaiblir à son foyer. »

D'autres prétendent que les idées, quelles qu'elles soient, n'étant jamais nouvelles et constituant un fonds commun à l'humanité, nul ne saurait prétendre, au détriment de tous, à une appropriation exclusive sur l'une quelconque de ces idées. Ils ajoutent que la pensée est, d'autre part, une chose incorporelle et, comme telle, ne saurait faire l'objet d'une propriété, car celui-ci doit être certain et déterminé.

Enfin, d'autres, se plaçant à un point de vue moins subtil mais plus élevé, soutiennent que tout auteur qui tire une œuvre de son intelligence ou de son génie ne doit être animé que d'un souci : celui du bien général, du perfectionnement possible de ses semblables et de la gloire qui peut en rejaillir sur son nom, qu'il ne saurait donc être poussé par le mobile d'acquérir une propriété susceptible d'engendrer un gain matériel.

Quoi qu'il en soit de la valeur de ces arguments tirés du raisonnement ou du sentiment, et que nous ne faisons pour le moment qu'énumérer, ils aboutissent tous à un même résultat : la négation absolue de la propriété littéraire et artistique.

Troisième système. — Il oscille entre les deux précédents, ou plutôt il reconnaît, en principe, à l'auteur un droit exclusif sur ses œuvres, mais croit devoir le limiter dans un but d'intérêt social.

En effet, disent les partisans de ce système, reconnaître une propriété absolue non seulement à l'auteur mais à ses héritiers, dans le patrimoine desquels elle demeurerait à perpétuité, c'est vouloir priver très fréquemment la société d'œuvres utiles à son perfectionnement ou à son simple agrément, en faisant dépendre la publication de celles-ci du bon ou du mauvais vouloir de simples particuliers.

D'autres font remarquer que la multiplicité des héritiers serait un obstacle dans l'avenir à la publication de l'œuvre. C'est Napoléon Ier qui, le premier, lors de la discussion du décret du 5 février 1810, a fait valoir cet argument dans les termes suivants : « La perpétuité de la propriété dans la famille des auteurs aurait des inconvénients. Une propriété littéraire est une propriété incorporelle qui, se trouvant dans la suite des temps et par le cours des successions divisée entre une multitude d'individus, finirait en quelque sorte par ne plus exister pour personne ; car, comment un grand nombre de propriétaires, souvent éloignés les uns des autres, et qui, après quelques générations, se connaissent à peine, pourraient-ils s'entendre et contribuer pour réimprimer l'ouvrage de leur auteur commun ? Cependant, s'ils n'y parviennent pas et qu'eux seuls aient le droit de le publier, les meilleurs livres disparaîtront insensiblement de la circulation. »

D'ailleurs, certains partisans de ce système mixte, qui consiste à limiter la propriété littéraire ou artistique dans sa durée, ne voient dans cette propriété qu'une pure récompense que la société décerne à l'auteur ou à ses héritiers en échange de l'œuvre produite. C'est ainsi qu'on lit dans un procès-verbal de la commission, organisée en 1825, pour étudier la question de la propriété littéraire que « ce droit n'est que bien imparfaitement assimilable au droit de propriété... ; que l'on doit assigner pour principe au droit dont il s'agit le *sentiment de justice*, qui oblige la société à récompenser les travaux qui contribuent à son instruction ou à ses plaisirs. »

Il est vrai que nous trouvons une conclusion identique formulée par le rapporteur de la loi du 19 janvier 1791, relative au théâtre, mais elle était déduite d'un principe tout opposé, celui de la reconnaissance formelle du droit de propriété des auteurs : « *La plus sacrée, la plus inattaquable*, s'exprimait ce rapporteur, et, si je puis parler ainsi, *la plus personnelle de toutes les propriétés*, est l'ouvrage, fruit de la pensée d'un écrivain ; cependant c'est une propriété d'un genre tout différent des autres propriétés. Quand un auteur a livré son ouvrage au public, quand cet ouvrage est entre les mains de tout le monde, que tous les hommes instruits le connaissent, qu'ils se sont emparés des beautés qu'il contient, qu'ils en ont confié à leur mémoire les traits les plus heureux, il semble que, dès ce moment, l'écrivain ait associé le public à sa propriété, ou plutôt la lui ait transmise tout entière. Cependant, comme il est *extrêmement juste* que les hommes qui cultivent le domaine de la pensée tirent quelque fruit de leur travail, il faut que, pendant leur vie, et quelques années après leur mort, personne ne puisse, sans leur consentement, disposer du produit de leur génie. Mais enfin, après le délai fixé, la propriété du public commence, et tout le monde doit pouvoir imprimer, publier les ouvrages qui ont contribué à éclairer l'esprit humain. »

On le voit, le droit de propriété de l'auteur, d'après ce troisième système, est généralement reconnu en principe, mais on lui fait subir dans sa durée des limitations que semble autoriser l'intérêt social.

Nous ne tarderons pas à voir, en faisant l'examen, dans un prochain chapitre, des diverses lois qui ont régi et qui régissent notre matière, cette solution mixte consacrée ou du moins appliquée en fait, d'une façon constante, par le législateur.

Nous sera-t-il permis de contester le fondement et surtout la légitimité d'une pareille restriction?

D'abord, est-il bien nécessaire, au point de vue social, de limiter dans sa durée le droit des auteurs? Nous ne le pensons pas. Les arguments qu'on a fait valoir en sens contraire, en les tirant du mauvais vouloir, de la négligence ou de l'extrême division de la propriété des œuvres entre des héritiers nombreux, sont loin, à notre humble avis, d'être péremptoires. Où verra-t-on l'héritier assez peu soucieux de la réputation de celui dont il est le continuateur juridique, assez détaché d'une célébrité qui peut rejaillir sur son nom, assez dédaigneux enfin de son propre intérêt pour empêcher, de parti-pris, la publication d'un ouvrage utile ou d'un chef-d'œuvre dont la propriété lui aura été transmise? Quand verra-t-on un de ces héritiers pousser la misanthropie ou le fanatisme au point de vouloir frustrer ses semblables des bénéfices d'une production de l'intelligence ou du génie, et sacrifier à ce simple mobile, soit de haine, soit d'exclusivisme intellectuel, non seulement la gloire de son auteur mais l'attrait d'un gain pécuniaire important? Quant à la négligence possible, n'est-ce point l'ambition du gain dont nous parlons qui sera son plus sûr correctif? Enfin, si les héritiers de l'auteur sont nombreux, et si la division à l'extrême de la propriété d'une œuvre est de nature, selon la crainte exprimée plus haut par Napoléon Ier, à en rendre la réimpression difficile, qui ne voit que par une cession de cette œuvre collectivement faite à l'un d'entr'eux où à un tiers, et dont leur intérêt sera le principal garant, les héritiers préviendront d'eux-mêmes les inconvénients d'un pareil morcellement? D'ailleurs, en cas de désaccord des héritiers, d'incapacité ou d'absence de quelques-uns, quelle serait la raison de ne pas appliquer aux productions littéraires ou artistiques les règles ordinaires du partage applicables aux biens dépendant d'une succession? Ne pourrait-on même, en pareil cas, organiser pour la vente de pareilles œuvres, non commodément partageables, une procédure protectrice et analogue à celle employée pour la licitation des biens immeubles ?

Ces quelques considérations nous paraissent suffisantes pour démontrer l'inanité des craintes que l'on a fait valoir au nom de l'intérêt social.

Si cependant des héritiers ou cessionnaires d'un auteur venaient, contre toute attente, à ne plus faire usage de leur propriété, il nous paraîtrait facile d'organiser, après la dernière publication de l'œuvre et au bout d'un certain laps de temps fixé par la loi, une sorte d'expropriation pour cause d'utilité publique, qui serait exercée soit par l'Etat, soit par les particuliers ? Nous croyons au surplus qu'on aurait bien rarement l'occasion d'exercer une pareille procédure. Mais de la sorte le principe de la perpétuité de la propriété littéraire serait pleinement respecté, et ce n'est plus ce fantôme d'inconvénients, le plus souvent imaginaires, qu'on pourrait désormais faire valoir contre lui.

Pour raisonner ainsi, nous partons de cette conviction sincère que la propriété des ouvrages de l'esprit ou du génie est une propriété véritable, qu'il faut par conséquent reconnaître à celui qui l'exerce légitimement le droit de disposer de sa chose de la manière la plus absolue et notamment de pouvoir la transmettre à perpétuité.

Ce n'est donc que « pour cause d'utilité publique et moyennant une juste et préalable indemnité, » conformément à l'article 545 du Code civil, qu'il nous paraîtrait raisonnable de porter atteinte à la libre disposition des héritiers ou cessionnaires d'un pareil droit.

Essayons, en effet, de démontrer que la propriété dont il s'agit est aussi naturelle, aussi légitime que toute autre, et qu'elle doit par suite engendrer les mêmes droits : Qu'est-ce que la propriété des biens ordinaires, meubles ou immeubles, tels qu'ils sont énumérés par le Code civil ? C'est le droit, avons-nous dit, de jouir et disposer des choses de la manière la plus absolue... (art. 544). Sur quoi cette propriété est-elle fondée ? Sur le travail, répondra-t-on aussitôt. Or, si le travail est aussi le fondement de la propriété littéraire ou artistique, comme on ne fait guère difficulté de le reconnaître, si d'autre part l'objet auquel elle s'applique peut être assimilé aux autres biens par sa nature et par les fruits engendrés, pourquoi refuser à un pareil droit tous les attributs de la propriété ordinaire et notamment la perpétuité ? Déjà nous avons exposé les raisons qui nous font considérer l'intérêt social comme n'étant pas un obstacle sérieux à la perpétuité du droit dont nous nous occupons. Efforçons-nous donc d'établir maintenant que l'objet de la propriété littéraire ou artistique est assimilable aux autres biens et dès lors nous aurons achevé de démontrer, nous l'espérons du moins, que la limitation apportée à la durée de ce droit ne peut pas davantage être justifiée, comme quelques-uns cherchent à le faire admettre, par la nature *particulière de son objet*.

Si nous envisageons la propriété d'une façon générale, nous voyons qu'elle a pour objet toute chose, toute valeur créée par le travail. Car ce qui fonde, ce qui légitime la propriété, on ne saurait trop le répéter, c'est le travail, l'effort de chacun. Un sol qui, primitivement inculte et n'ayant pas de maître, a été défriché, transformé de toutes parts et a produit des fruits, grâce au labeur et à l'industrie d'un individu, appartient évidemment à celui qui a fait de cette chose stérile une valeur productive ; personne ne contestera à cet individu le droit de jouir de ce champ, d'en percevoir seul les fruits et de les vendre, s'il lui plaît, à son profit

C'est uniquement à ses efforts quotidiens, à sa patience, à son opiniâtreté qu'est dû le résultat ainsi obtenu ; et il ne viendra à l'esprit d'aucune personne sensée de considérer comme légitime le fait de celui qui, n'ayant contribué en rien à la création de valeur dont nous parlons, voudrait en partager ou s'en attribuer le profit, au détriment du véritable créateur. Pour être à l'honneur ou au profit, il faut avoir été à la peine ; chacun est imbu de cette maxime de droit naturel et de justice sociale ; les théories contraires émises de nos jours ou plutôt aveuglément propagées par quelques énergumènes, dévoyés ou inconscients, ne sauraient prévaloir sur ce principe immuable.

Il y a là d'ailleurs une nécessité d'ordre social. Sans la garantie donnée au travail, pas de propriété ; car l'incertitude du lendemain et de la conservation des résultats acquis rend l'effort superflu. Sans la propriété, pas de famille et partant pas de société.

Ce principe, assigné à la propriété, étant certain, on n'aura pas de peine à nous accorder, je pense, qu'à toute valeur créée par le travail doit correspondre nécessairement un droit de propriété.

Le raisonnement que nous venons de faire pour un sol inculte, il serait facile de le répéter pour une maison et pour d'autres corps certains, par exemple, pour des objets mobiliers, machines ou autres, destinés à la création de produits manufacturés et industriels ; car, pour les besoins de notre démonstration, nous ne faisons allusion pour le moment qu'à des objets, non pas destinés uniquement à l'usage ou à la consommation, mais susceptibles d'engendrer d'autres produits, de créer en quelque sorte des fruits. Toutes ces choses, sol, maison, objets mobiliers, sont des corps certains. Elles sont le résultat du travail, elles sont l'objet d'une propriété, et leurs fruits ne peuvent être perçus, possédés, consommés ou aliénés que par leurs propriétaires.

Ce préambule posé, voyons si l'œuvre littéraire ou artistique est bien le résultat d'un travail, si des produits peuvent en découler, comme pour les choses énumérées ci-dessus, et si le caractère de fruits peut être attribué à des produits de ce genre. Si nous faisons cette démonstration, n'aurons-nous pas prouvé que cette œuvre doit être considérée comme pouvant et devant faire, à l'instar des biens ordinaires, l'objet d'une propriété ?

Et d'abord, l'œuvre littéraire est-elle le résultat du travail ? Ce premier point, que nous avons déjà fait entrevoir, ne saurait être sérieusement mis en doute. Celui qui met au jour une production de l'intelligence n'a obtenu le plus souvent ce résultat qu'après des recherches patientes et longues, des méditations laborieuses, un effort personnel de la pensée, une application soutenue de l'esprit d'observation sur un sujet déterminé ; et s'il est vrai qu'il a puisé ses idées dans un fonds commun appartenant à tous les hommes, il a su, du moins, donner à ces idées une tournure personnelle, un cachet original, les exposer selon sa méthode propre, avec un ordre et un discernement particuliers ; leur donner enfin, en les fixant sur le papier, une forme plus ou moins élégante.

De même l'œuvre artistique, avant d'avoir été méditée et revêtue de sa forme, implique de la part de son auteur une dépense souvent considérable des forces intellectuelles et des ressources de l'imagination ; elle nécessite même un travail matériel d'exécution. Pourra-t-on soutenir dès lors, avec quelque apparence de raison et de justice, que l'œuvre littéraire ou artistique n'est pas la manifestation extérieure d'un travail tout aussi réel, fécond en résultats et digne de protection que celui auquel sont dus le défrichement, la mise en valeur d'un champ ou la construction d'une maison ? Evidemment non. La nature du travail est ici différente, pourra-t-on dire, mais c'est toujours un travail.

Au surplus, nous ne croyons pouvoir mieux faire que de citer, à ce propos, les paroles de M. de Lamartine, rapporteur, en 1841, d'un projet de loi sur la propriété littéraire et artistique : « Il y a des hommes, s'exprimait l'illustre poète, qui travaillent de la main, il y a des hommes qui travaillent de l'esprit. *Les résultats de ce travail sont différents, le titre du travailleur est le même...* Les résultats du travail matériel, plus incontestables et plus palpables, ont frappé les premiers la pensée du législateur. Il a dit au laboureur qui avait défriché le champ : ce champ sera à toi et après toi à tes enfants. La récompense de ton labeur te suivra dans toutes les générations qui te continuent. Ainsi a été instituée la propriété territoriale, base de la famille, et, par la famille, fondement de toute société permanente. A mesure que l'état social s'est perfectionné, il a reconnu d'autres natures de propriété, et la propriété et la société se sont tellement identifiées l'une dans l'autre, qu'en parcourant le globe, le philosophe reconnait à des signes certains que l'absence, l'imperfection ou la décadence de la propriété chez un peuple sont partout la mesure exacte de l'absence, de l'imperfection ou de la décadence de la société.

» Mais les pensées du législateur moderne se sont élargies; il n'a pas vu seulement le travail dans les fruits matériels de la terre, il les a reconnus dans tout ce qui prouvait un travail et constituait un objet d'échange ou d'influence pour l'Etat; la propriété mobilière s'est ainsi graduellement développée. En vertu d'une induction naturelle et juste, le jour devait arriver où l'œuvre de l'intelligence serait reconnue un travail utile, et les fruits de ce travail, une propriété. »

L'œuvre littéraire ou artistique est donc considérée, à juste titre, comme le résultat d'un travail. Produit-elle des fruits? C'est ce qu'il nous reste à examiner. On entend par *fruit*, d'une façon générale, tout ce que la chose produit et reproduit.

Or, n'est-il pas vrai de dire qu'une œuvre littéraire ou artistique, par la faculté qu'elle donne à son auteur de reproduire indéfiniment l'original par l'imprimerie ou la gravure, et de tirer chaque fois un gain nouveau de la vente des copies imprimées ou des reproductions, engendre réellement des fruits? Puisque le caractère essentiel d'un fruit est d'être produit et reproduit par la chose dont il est un accessoire, il nous paraît bien naturel d'envisager comme de véritables fruits les exemplaires imprimés ou les reproductions artistiques qui découlent ainsi d'un type premier et unique, dû au génie créateur de l'écrivain ou de l'artiste. Si ces fruits sont obtenus par des procédés différents que ceux de la terre, ils n'en sont pas moins des fruits.

Concluons donc que le droit de l'auteur ou celui de l'artiste est bien un véritable droit de propriété, puisqu'il s'exerce sur une chose qui est le résultat d'un travail et qui engendre elle-même des fruits.

Quelles raisons nous opposent nos adversaires ?

Une de leurs théories les plus spécieuses consiste, comme nous l'avons vu précédemment, à représenter le droit de l'auteur comme une récompense qui lui est décernée par la société en échange du service rendu par la publication de l'œuvre. Cette dernière, dit-on, ne peut se communiquer qu'en s'anéantissant, et par suite, à cause de sa nature même, elle ne peut engendrer un droit au profit de son auteur que moyennant une protection particulière octroyée par le législateur. Il paraît tout d'abord étrange que l'exercice d'un droit en entraîne précisément la déchéance ; mais en admettant qu'il ne soit possible à personne, pas même à son auteur, d'anéantir une œuvre une fois publiée, et qu'en conséquence le droit d'abuser de sa chose et partant de la détruire, qui est un des attributs du droit de propriété, n'existe pas ici dans toute sa plénitude, cette restriction empêche-t-elle la propriété d'exister ? Ne savons-nous pas que toute règle est sujette à des exceptions, et que l'exercice du droit de propriété notamment, bien qu'absolu en principe, comporte des limitations tracées par la loi et les règlements. Ici la limitation consistera, on peut le reconnaître à la rigueur, dans un mode d'exercice particulier à la propriété littéraire ou artistique, dans une jouissance commune de l'objet de cette propriété, mais voilà tout. Car de ce que la jouissance est partagée il ne s'ensuit pas que la propriété perde ses traits essentiels.

On objecte encore que l'œuvre intellectuelle se compose d'idées qui ne sont jamais nouvelles et qui sont puisées dans un fonds commun à l'humanité ; qu'elles sont comme l'air et le feu, dont la jouissance est commune à tous ; qu'on ne peut donc se les approprier. Nous ne faisons aucune difficulté pour reconnaître que l'auteur profite de l'expérience des générations précédentes et qu'il emprunte les éléments de son ouvrage au vaste domaine des idées qui sont répandues dans l'univers intellectuel : nous ne lui reconnaissons pas le droit de s'approprier ces idées, ce qui serait d'ailleurs impossible ; mais le soin qu'il a pris pour rechercher ces idées, les efforts qu'il a faits pour les grouper, les coordonner, les classer selon une méthode qui lui est personnelle, pour les représenter sous une forme originale, cela constitue son œuvre propre, le résultat d'un travail long et assidu. Nous verrons bientôt que c'est le résultat matérialisé de ces soins, de ces efforts, qui fait l'objet de notre propriété.

Nous n'insisterons pas sur la considération purement métaphysique qui tend à représenter l'auteur comme uniquement soucieux de l'instruction, du perfectionnement de ses semblables, et de sa propre gloire future. Sans doute, ce mobile nous apparaîtrait comme beaucoup plus élevé que celui qui serait constitué exclusivement par l'appât d'un gain matériel. Il n'en est pas moins vrai que le résultat d'un travail quelconque, profitable à autrui, comporte une récompense matérielle ; c'est une loi de l'humanité qui est essentiellement contingente et asservie à des besoins d'ordre matériel. Et comme on ne peut se placer dans le domaine des simples abstractions, qu'il faut malheureusement compter avec les nécessités de l'existence physique, on doit bien reconnaître aux auteurs et aux artistes, qui ne sont pas de purs esprits, le droit de vivre, comme les autres travailleurs, du produit de leur labeur, et d'en faire profiter leurs héritiers.

Passons à un argument plus sérieux : il consiste à dire que l'œuvre intellectuelle est une chose incorporelle qui ne peut faire l'objet d'une propriété.

C'est confondre la pensée avec la forme matérielle qui lui a été donnée. Car, comme nous l'avons indiqué plus haut, si l'on ne peut prétendre à l'appropriation exclusive des idées qui forment un patrimoine immatériel et commun, on peut du moins revendiquer comme sienne la forme matérielle qui a été donnée à ces idées, grâce à un travail personnel et fécond ; car c'est le manuscrit, c'est le tableau, c'est l'original, c'est, en un mot, l'idée, le produit de l'imagination, fixés par l'écriture, le pinceau ou la gravure, qui constituent un corps certain sur lequel porte la propriété. Mais, nous dit-on encore, ce n'est pas ce corps certain dont vous entendez faire respecter la propriété ; car tout le monde est d'accord sur ce point que l'auteur d'un manuscrit ou d'un tableau en est bien le légitime propriétaire et ne peut en être dépouillé. Vous voulez empêcher qu'on reproduise sans votre permission ce manuscrit ou ce tableau ; vous demandez donc la protection d'un droit et non pas celle d'une chose. L'argument est spécieux, mais ne saurait nous arrêter. Il est vrai, en effet, que la jouissance d'un manuscrit ou d'un tableau est tout à fait particulière et, comme telle, réclame une garantie spéciale. Si nous la comparons, par exemple, à celle d'un champ, nous voyons que celui-ci produit des fruits dont un tiers ne peut s'emparer sans pénétrer dans le champ et sans exercer un acte d'appréhension matérielle, d'usurpation visible, tandis que c'est par une voie indirecte, sans empiéter visiblement sur la jouissance du corps certain, produit et ordinairement détenu par l'auteur, qu'un tiers peut s'emparer contrairement à son droit des fruits dont nous nous occupons. En quoi consistent, en effet, les fruits dont le manuscrit ou le tableau original sont les générateurs ? Ils consistent dans les gains que l'auteur et l'artiste ou leurs ayants droit peuvent tirer de la reproduction et de la vente de leur œuvre. Celle-ci une fois reproduite par l'imprimerie ou par la gravure, il est certain que celui qui l'acquiert moyennant une somme d'argent pourrait très bien la reproduire et la vendre à son tour, s'appropriant ainsi, sans peine et indépendamment d'une usurpation directe, le fruit du travail d'autrui. En effet, c'est le propre d'une œuvre intellectuelle ou artistique d'engendrer, dès qu'elle est publiée et vendue, nous n'avons fait aucune difficulté pour le reconnaître précédemment, une espèce de jouissance commune entre l'auteur et les acheteurs. Est-ce à dire que ceux-ci qui ont acquis cette espèce de jouissance *sui generis* sur la copie imprimée ou sur la gravure, qui peuvent se remplir la vue, se meubler la mémoire et l'intelligence des beautés artistiques ou littéraires contenues dans l'objet qu'ils ont entre les mains, ont aussi le droit de les reproduire mécaniquement pour en tirer profit ?

Evidemment non : ils sont propriétaires uniquement de l'exemplaire de l'œuvre qu'ils ont acquis, en ce sens qu'ils peuvent le donner, le léguer, le détruire si bon leur semble ; mais ils n'ont aucunement le droit de la multiplier par des procédés artificiels pour en tirer des gains matériels ; car ce serait vouloir bénéficier contre toute justice d'un travail auquel ils n'ont pas participé. Ce serait refuser au travail cet attribut générateur de la propriété que tout le monde lui reconnaît. Ce serait éteindre entre les mains de l'auteur véritable la source de profits pécuniaires qu'il est appelé à retirer de son labeur. Le système contraire amènerait tout aussi logiquement à soutenir que celui qui, moyennant une redevance, permet au public l'accès de son parc ou de son champ, peut impunément être dépouillé de ses fruits. D'ailleurs, celui qui achète un livre peut-il penser raisonnablement avoir acquis un droit de propriété sur l'œuvre elle-même qui y est contenue ? Non, assurément. A ce propos, M. Paul Laboulaye, dans son étude sur la propriété littéraire (page 38), se livre à des considérations judicieuses que nous croyons bon de reproduire textuellement : « En vendant son livre, l'auteur a-t-il l'intention d'aliéner le texte de son ouvrage, et le met-il dans le commerce ? En achetant un livre, que pensez-vous payer, sinon quelques feuilles de papier noirci, et une jouissance intellectuelle ? Croyez-vous, comme dans la propriété foncière, que vous vous êtes mis au lieu et place d'un prédécesseur ; croyez-vous que les vers et les pensées du poëte vous appartiennent de la même façon que les pommiers et les cerisiers plantés par votre vendeur ? Celui qui achète les fables de La Fontaine se croit-il le successeur du Bonhomme ? Imagine-t-il qu'il est l'auteur ou le propriétaire de ces charmants écrits, parce qu'il les a lus ou qu'il les a fait lire à ses enfants ? Assurément non. Notre propriété reste donc intacte, quoique les produits en soient dans les mains d'autrui ; personne n'use de notre chose, *animo domini*, et cela même est impossible. Comprendrait-on l'acheteur d'un exemplaire de Racine qui se déclarerait le propriétaire du texte de Racine, et en demanderait le monopole ? Vous avez acheté, lui dirait-on, si on se donnait la peine de lui répondre, vous avez acheté la propriété de cet exemplaire et rien de plus. Faites de cet exemplaire ce qui vous plaira ; le texte de Racine n'appartient qu'à celui qui l'a écrit. »

Mais le mode de jouissance de la propriété littéraire ou artistique étant particulier, ses fruits pouvant être facilement dérobés, sans aucune apparence de violence, par des gens peu scrupuleux, la nécessité est apparue d'opposer à ce vol d'un nouveau genre qu'on nomme « la contrefaçon » une législation répressive dont nous aurons l'occasion de nous occuper bientôt.

C'est donc par l'usage et par la garantie que le droit des auteurs diffère de la propriété ordinaire. Mais il n'en est pas moins vrai qu'il constitue une propriété véritable, essentiellement fondée sur le travail et digne de toute la protection des lois.

C'est la conclusion qu'imposent à notre raison les considérations que nous venons d'esquisser. Ajoutons que depuis un siècle le législateur a proclamé dans maintes circonstances la vérité de ce principe.

C'est ainsi que Lakanal, rapporteur de la loi du 19 juillet 1793, prononçait devant la Convention les paroles suivantes :

« *De toutes les propriétés, la moins susceptible de contestation, c'est sans contredit celle des productions du génie*, et si quelque chose doit étonner, c'est qu'il ait fallu reconnaître cette propriété, assurer son exercice par une loi positive. Le génie a-t-il ordonné dans le silence un ouvrage qui recule les bornes des connaissances humaines ? Des pirates littéraires s'en emparent aussitôt ; l'auteur ne marche à l'immortalité qu'à travers les horreurs de la misère... et ses enfants ! la postérité du grand Corneille s'est éteinte dans l'indigence ! Le Comité propose des dispositions qui doivent former la déclaration des droits du génie. »

Le 19 février 1810, dans la séance du Corps législatif, Louvet, rapporteur du projet de loi sur la contrefaçon, s'exprimait ainsi :

« Je viens maintenant à des dispositions dont le but est d'assurer *des propriétés* d'un ordre différent, des propriétés d'autant plus chères à l'homme, *qu'elles lui appartiennent plus immédiatement*, et sont en quelque sorte une partie de lui-même. Je veux parler de ces productions des arts, de ces fruits de l'esprit, de l'imagination et du génie qui servent à l'utilité, à l'instruction, au charme, à l'ornement et à la gloire d'une nation. Le projet commence par déclarer que toute édition d'écrits, de composition musicale, de dessin, de peinture, et de toute autre production imprimée ou gravée en entier ou en partie, au mépris des lois et règlements relatifs à la propriété des auteurs, est un délit, etc... »

Nous voyons encore, en 1841, M. de Lamartine, dans son rapport que nous avons déjà mentionné, proclamer le principe de la propriété littéraire en ces termes :

« Est-il juste, est-il utile, est-il possible de consacrer entre les mains des écrivains et de leur famille la propriété de leurs œuvres ?... Ces questions n'étaient-elles pas répondues d'avance ? Qu'est-ce que la justice si ce n'est *la proportion entre la cause et l'effet, entre le travail et la rétribution ?* Un homme dépense ses forces à féconder un champ ou une industrie lucrative. Vous lui en assurez la possession à tout jamais, et après lui à ceux que le sang désigne ou que le testament écrit. Un autre homme dépense sa vie entière dans l'oubli de soi-même et de sa famille, pour enrichir après lui l'humanité ou d'un chef-d'œuvre ou d'une de ces idées qui transforment le monde... Son chef-d'œuvre est né, son idée est éclose, le monde intellectuel s'en empare ; l'industrie, le commerce les exploitent, cela devient une richesse..., cela fait des millions dans le travail et dans la circulattion, cela s'exporte comme un produit naturel du sol ; tout le monde y aurait droit excepté celui qui l'a créé, et la veuve et les enfants de cet homme, qui mendieraient dans l'indigence à côté de la richesse publique et des fortunes privées enfantées par le travail ingrat de leur père ! Cela ne peut pas se soutenir. Cela est-il utile ? Il suffirait de répondre que cela est juste, car la première utilité pour une société, c'est la justice. Mais ceux qui demandent s'il est utile de rémunérer dans l'avenir le travail de l'intelligence ne sont donc jamais remontés par la pensée jusqu'à sa nature et jusqu'aux résultats de ce travail ? Jusqu'à sa nature ? Ils auraient vu que c'est le travail qui agit sans capitaux, qui en crée sans en dépenser, qui produit sans autre assistance que celle du génie et de la volonté. Jusqu'à ses résultats ? Ils auraient vu que c'est l'espèce de travail qui influe le plus sur les destinées du genre humain. Car c'est celui qui agit sur la pensée même de l'humanité et qui la gouverne... L'œuvre qui crée, qui détruit, qui transforme le monde, serait-elle une œuvre indifférente au monde ? Enfin, cela est-il possible ? Cette richesse éventuelle et fugitive qui résulte de la propagation matérialisée de l'idée par l'impression et par le livre, est-elle de nature à être saisie, fixée et réglementée par forme de propriété ? A cette question, le fait avait répondu pour nous. Cette propriété existe, se vend, s'achète, se défend comme toutes les autres. »

Ces proclamations de principe consacrent nettement la thèse que nous venons de soutenir.

Malheureusement le législateur n'a pas cru devoir, jusqu'à ce jour, mettre les règles, édictées sur notre sujet, en harmonie avec les principes. Car nous verrons dans le chapitre suivant que si la limitation imposée à la durée de la propriété littéraire ou artistique a été atténuée successivement, cette limitation existe encore de notre temps à un degrès très fâcheux. Nous avons même le regret de constater que quelques arrêts récents inclinent à voir dans le droit de l'auteur autre chose qu'un droit de propriété et ne le considèrent que comme un privilège consistant en une exploitation temporaire (V. notamment Cass., 25 juillet 1887, D. P., 88. 1, 5.)

Qu'il nous soit permis de former des vœux pour l'abolition définitive d'une pareille restriction et pour la perpétuité d'un droit légitime entre tous.

Si M. de Lamartine, dans le rapport cité précédemment, n'a pas conclu d'une façon absolue à la perpétuité de la propriété littéraire, il en donne les raisons : « Nous avons considéré, dit-il, que les idées sur la propriété littéraire n'étaient pas encore assez rationalisées, que ses mœurs n'étaient pas assez faites, que sa constitution n'était pas assez universellement européenne et internationale, qu'enfin ses habitudes n'étaient pas assez prises dans le droit commun des autres ordres de choses possédées, pour qu'en constituant les droits garantis, nous puissions du même coup constituer dès aujourd'hui sa transmissibilité sans limites à travers le temps. En l'investissant dans cette loi des conditions d'une possession complète nous avons donc cru devoir la limiter dans sa durée.

» Nous n'avons mis aucune limite à ses droits, nous lui avons mis une borne dans le temps ; le jour où le législateur, éclairé par l'épreuve qu'elle va faire d'elle-même, jugera qu'elle peut entrer dans un exercice plus étendu de ses droits naturels, il n'aura qu'à ôter cette borne ; il n'aura qu'à dire : *toujours*, où notre loi a dit : *cinquante ans*, et l'intelligence sera émancipée. »

Ces paroles, prononcées dans la première moitié de notre siècle, pouvaient être, à cette époque, l'expression assez fidèle d'un état de choses avec lequel le législateur croyait, à tort ou à raison, devoir encore pactiser.

Mais quand on songe au chemin parcouru depuis, aux bienfaits de l'instruction répandue à flots, à la vulgarisation des idées poussée, non seulement en Europe mais dans tous les pays du monde, à un point jusqu'alors inconnu ; quand on voit combien la culture intellectuelle, dont les germes sont déposés dans les ouvrages écrits et d'art, est devenue indispensable à chacun ; quelle est, par suite, l'influence prépondérante des œuvres de l'intelligence et du génie qui correspondent si bien à cette soif de s'instruire et de progresser dont tous sont aujourd'hui possédés, ne serait-ce pas aider puissamment à cet essor intellectuel de l'humanité, à cette marche en avant des idées qui révolutionnent chaque jour et peu à peu transforment le monde, que d'assurer enfin à ceux qui agrandissent, par un travail assidu et plein de dévouement, le patrimoine intellectuel de leurs semblables, une propriété perpétuelle sur l'œuvre issue de leurs efforts. Pourquoi hésiter plus longtemps à consacrer, tout en accomplissant un acte de justice sociale, la légitime sanction d'un droit naturel fondé sur le travail ?

L'Etat lui-même n'est-il pas intéressé à transformer cette propriété temporaire en une propriété perpétuelle sur laquelle il pourrait désormais, sans soulever des récriminations, prélever, comme sur toute autre, un impôt particulier ? L'intérêt du

Trésor public même se trouverait donc lié à la réforme que nous appelons de nos vœux.

Les autres pays, dira-t-on, n'ont pas encore fait passer dans leurs lois le principe de la perpétuité. Qu'importe ! Pour tout progrès ne faut-il pas un précurseur ? N'est-ce pas à la France, qui porte haut et ferme le flambeau de la civilisation, de marcher encore une fois à la tête des autres nations et d'*émanciper l'intelligence,* selon l'expression de Lamartine, après avoir émancipé l'individu dont elle a proclamé les droits immuables ?

CHAPITRE III.

LÉGISLATION ET CONVENTIONS INTERNATIONALES.

SECTION I.

ÉNUMÉRATION DES LOIS ET DÉCRETS RENDUS SUR LA PROPRIÉTÉ LITTÉRAIRE ET ARTISTIQUE. — LOIS ACTUELLEMENT EN VIGUEUR.

Nous ne reviendrons pas sur les anciens édits royaux, ordonnances, lettres patentes, arrêts du Conseil concernant la concession de privilèges et la répression de la contrefaçon.

Nous n'envisagerons que la période qui s'est écoulée depuis la Révolution de 1789 jusqu'à nos jours.

Le décret du 19 janvier 1791, dû à l'Assemblée Constituante, est relatif à la propriété des auteurs dramatiques; M. de Lamartine l'a qualifié avec raison « la première *ébauche* de l'œuvre si imparfaite encore de la propriété des productions de l'intelligence. » Après avoir proclamé le droit pour tout citoyen « d'élever un théâtre et d'y faire représenter des pièces de tous les genres, » ce décret consacre, dans les articles 3 et 5, le droit des auteurs et de leurs héritiers ou cessionnaires :

« ARTICLE 3. — Les ouvrages des auteurs vivants

ne pourront être représentés sur aucun théâtre public, dans toute l'étendue de la France, sans le consentement formel et par écrit des auteurs, sous peine de confiscation du produit total des représentations au profit des auteurs.

» Art. 5. — Les héritiers ou cessionnaires des auteurs seront propriétaires de leurs ouvrages durant l'espace de cinq années après la mort de l'auteur. »

Un décret subséquent du 19 juillet-6 août 1791 corrobore le précédent en étendant *expressément* aux héritiers ou cessionnaires des auteurs la disposition de l'article 3 dont nous venons de citer le texte. Il décide, en outre, ce qui suit :

« La convention entre les auteurs et les entrepreneurs de spectacles sera parfaitement libre, et les officiers municipaux, ni aucun fonctionnaire public, ne pourront taxer lesdits ouvrages, ni modérer ou augmenter le prix convenu ; et la rétribution des auteurs, convenue entre eux ou leurs ayants-cause et les entrepreneurs de spectacle, ne pourra être saisie ni arrêtée. »

Destruction du monopole du théâtre et amélioration marquée du sort des auteurs dramatiques, qui avaient été jusqu'à ce jour victimes de ce monopole, tel était le résultat créé par cette innovation législative qui ne devait être que le prélude d'une loi beaucoup plus générale et plus importante.

C'est, en effet, deux ans plus tard, le 19 juillet 1793, que la Convention rendit un décret qui forma pendant très longtemps la base essentielle de la législation sur notre matière. Ce décret est divisé en sept articles dont voici le texte :

Article 1er. — Les auteurs d'écrits en tout genre, les compositeurs de musique, les peintres et dessinateurs qui feront graver des tableaux ou dessins, jouiront, durant leur vie entière, du droit exclusif de vendre, faire vendre, distribuer leurs ouvrages dans le territoire de la République, et d'en céder la propriété en tout ou en partie.

Art. 2. — Leurs héritiers ou cessionnaires jouiront du même droit durant l'espace de dix ans après la mort des auteurs.

Art. 3. — Les officiers de paix seront tenus de faire confisquer, à la réquisition et au profit des auteurs, compositeurs, peintres ou dessinateurs et autres, leurs héritiers ou cessionnaires, tous les exemplaires des éditions imprimées ou gravées sans la permission formelle et par écrit des auteurs.

Art. 4. — Tout contrefacteur sera tenu de payer au véritable propriétaire une somme équivalente au prix de trois mille exemplaires de l'édition originale.

Art. 5. — Tout débitant d'édition contrefaite, s'il n'est pas reconnu contrefacteur, sera tenu de payer au véritable propriétaire une somme équivalente au prix de cinq cents exemplaires de l'édition originale.

Art. 6. — Tout citoyen qui mettra au jour un ouvrage, soit de littérature ou de gravure, dans quelque genre que ce soit, sera obligé d'en déposer deux exemplaires à la Bibliothèque nationale ou au cabinet des estampes de la République, dont il recevra un reçu signé par le bibliothécaire, faute de quoi il ne pourra être admis en justice pour la poursuite des contrefacteurs.

» Art. 7. — Les héritiers de l'auteur d'un ouvrage de littérature ou de gravure, ou de toute autre production de l'esprit ou du génie qui appartiennent aux beaux-arts, en auront la propriété exclusive pendant dix années. »

Ce n'est pas seulement, on le voit, aux auteurs dramatiques, mais aux auteurs d'écrits en tout genre et aux artistes que s'étend le bénéfice du décret précité.

Après avoir reconnu à ces auteurs et artistes le droit exclusif de recueillir, durant toute leur vie, le fruit de leurs œuvres et de céder la propriété de celles-ci, s'ils le jugent convenable, le législateur prend soin d'accorder le même droit, après leur mort, à leurs héritiers et cessionnaires *pour une période de dix années.*

Le décret réalise donc un double progrès sur ses devanciers de 1791 ; car il s'applique, d'une part, à la généralité des œuvres intellectuelles et augmente, d'autre part, en la portant à *dix ans*, la durée de la propriété temporaire des héritiers ou cessionnaires.

Ces dispositions reçoivent leur sanction dans les articles 3, 4, 5, qui ordonnent la confiscation par des officiers de paix, à la réquisition et au profit des auteurs ou de leurs ayants-droit, de tous les exemplaires imprimés ou gravés sans droit, et, en outre, le paiement d'une somme égale à trois mille ou cinq cents exemplaires, suivant qu'on est en présence d'un contrefacteur proprement dit ou d'un débitant.

Notons que l'article 6 fait du dépôt préalable de deux exemplaires de l'œuvre à la Bibliothèque nationale ou au cabinet des estampes de la République la condition nécessaire de la poursuite des contrefacteurs. Toutefois, ce décret qui, selon l'expression de son rapporteur Lakanal, était annoncé comme devant former « la déclaration des droits du génie, » était loin de réaliser cette promesse pompeuse, puisque cette propriété des productions du génie, que le même rapporteur qualifiait « la moins susceptible de contestation, » était limitée dans sa durée au point de ne survivre que de dix années à son premier titulaire.

La question s'est posée quelquefois de savoir si les sculpteurs et leurs ayants-droit devaient être considérés comme pouvant invoquer la protection du décret de 1793. Il faut se décider dans le sens de l'affirmative : l'énumération de l'article 3 « auteurs, compositeurs, peintres ou dessinateurs et *autres*, » ces mots de l'article 7 « ... ou de toute autre production de l'esprit ou du génie qui appartiennent aux beaux-arts ... » indiquent suffisamment quelle a été l'intention du législateur et le point de vue général auquel il s'est placé. Seulement en ce qui concerne les œuvres de sculpture, leur nature spéciale les fait exempter de l'obligation du dépôt préalable.

Le 1er septembre 1793, la Convention décréta formellement que le bénéfice des dispositions législatives du 19 juillet 1793 s'étendrait aux auteurs dramatiques, précédemment régis par le décret de 1791.

Le décret du 25 prairial an III, interprétatif de celui du 19 juillet 1793, attribue aux commissaires de police et aux juges de paix, dans les lieux où il n'y a pas de commissaires de police, le pouvoir, conféré antérieurement aux officiers de paix, de confisquer les œuvres contrefaites.

Nous ne citerons que pour mémoire la loi du 10 fructidor an IV relative à l'impression des ouvrages, adoptés comme livres élémentaires.

Le 1er germinal an XIII, un décret régla les droits des propriétaires d'ouvrages posthumes dans un article ainsi conçu : « Les propriétaires, par succession où à autre titre, d'un ouvrage posthume, ont les mêmes droits que l'auteur ; et les dispositions des lois sur la propriété exclusive des auteurs et sur sa durée leur sont applicables ; toutefois à la charge d'imprimer séparément les œuvres posthumes, et sans les joindre à une nouvelle édition des ouvrages déjà publiés et devenus propriété publique. »

Remarquons que ces dispositions ne sauraient être considérées comme s'appliquant à des œuvres d'art, telles qu'une statue, un tableau, qui ne peuvent être *posthumes*, à la différence d'un livre, lequel n'existe pas tant que le manuscrit n'a pas été imprimé. En sens inverse, une composition musicale, qui est une œuvre artistique d'un genre particulier, sujette à l'impression, est régie par l'article que nous venons de mentionner.

Le 7 germinal an XIII, le législateur décrète que les livres d'église, heures et prières, seront assujettis, avant leur impression, à une autorisation préalable des évêques diocésains, sous peine contre les imprimeurs-libraires qui transgresseraient cette prescription, d'être poursuivis, conformément au décret du 19 juillet 1793.

Le 8 juin 1806, un décret relatif aux théâtres

proclame, après celui de 1791, la liberté des conventions entre les auteurs et les entrepreneurs, charge les autorités locales de veiller à l'observation stricte de ces conventions et étend expressément aux auteurs d'ouvrages dramatiques posthumes le bénéfice du décret du 1er germinal an XIII.

Le 5 février 1810 parut un décret important contenant règlement sur l'imprimerie et la librairie. Les articles 39 et 40 sont relatifs à la propriété des auteurs :

« ARTICLE 39. — Le droit de propriété est garanti à l'auteur et à sa veuve pendant leur vie, si les conventions matrimoniales de celle-ci lui en donnent le droit, et à leurs enfants pendant vingt ans.

» ART. 40. — Les auteurs, soit nationaux, soit étrangers, de tout ouvrage imprimé ou gravé, peuvent céder leur droit à un imprimeur ou libraire, ou à toute autre personne, qui est alors substituée en leur lieu et place, pour eux et leurs ayants-cause, comme il est dit à l'article précédent. »

Suivent des dispositions répressives prononçant l'amende et la confiscation au profit de l'Etat : elles sont contenues dans les articles 41 à 44 et ont trait à des cas divers, notamment à celui d'un ouvrage imprimé sans nom d'auteur ou d'imprimeur et à celui de contrefaçon. « Dans ce dernier cas, dispose l'article 42, il y aura lieu, en outre, à des dommages-intérêts envers l'auteur ou éditeur, ou leurs ayants-cause ; et les éditions ou les exemplaires contrefaits seront confisqués à leur profit. » — L'article 43 ajoute que les dommages-intérêts seront arbitrés par le tribunal correctionnel « selon les cas et d'après les lois. »

Il est facile de voir que l'innovation principale de ce décret, en ce qui concerne notre matière, est la création d'un droit viager en faveur de la veuve de l'auteur, et l'extension de la durée du droit des enfants, qui est portée de dix à vingt ans, à la différence du droit conféré aux autres héritiers ou cessionnaires, qui continue à être régi, quant à sa durée, par le décret du 19 juillet 1793. Notons que nous ne faisons allusion qu'aux cessionnaires tenant leurs droits de l'auteur lui-même, car ceux qui le tiennent de la veuve ou des enfants de l'auteur ont, d'après la disposition formelle de l'article 40 précité et conformément aux principes juridiques, les mêmes droits que ces derniers ; enfin l'amende vient s'ajouter, sous l'empire de cette nouvelle législation, aux dommages-intérêts et à la confiscation déjà prononcés contre les contrefacteurs par le décret du 19 juillet 1793.

La femme et les enfants sont donc traités désormais avec une faveur bien plus grande que sous la législation antérieure, qui n'avait reconnu aucun droit d'usufruit à la veuve et qui n'avait pas songé à faire une distinction entre les enfants proprement dits et les autres héritiers ou cessionnaires.

Une pareille innovation était justifiée par des considérations très élevées d'ordre moral et par l'affection naturelle. En ce qui concerne notamment la protection accordée à la veuve de l'auteur, nous lisons ce qui suit dans l'exposé des motifs du décret de 1810 :

« La compagne de l'homme de génie lui prête

l'assistance d'un cœur droit et d'un esprit élevé. Par ses grâces, par ses vertus, elle rend plus facile l'œuvre de celui dont elle partage les déceptions et les triomphes ; c'est la première dépositaire de sa pensée, c'est la gardienne la plus pieuse de sa mémoire et des ouvrages pour lesquels elle est devenue en quelque sorte son associée et sa coopératrice. »

Il est à remarquer que le législateur met une condition à la faveur qu'il concède à la veuve ; car ces mots de l'article 39 précité « si les conventions matrimoniales de celle-ci lui en donnent le droit » indiquent que la femme dotale est exceptée de la disposition bienveillante édictée par cet article. On n'en voit pas la raison ; puisque la femme dotale peut, aussi bien que la femme commune, être « la coopératrice et la gardienne fidèle » dont on vient de parler. Bornons-nous pour le moment à constater cette restriction, que nous rencontrerons de nouveau dans les lois subséquentes, notamment dans celles des 3 août 1844 et 8 avril 1854 ; nous ne verrons relever la veuve dotale de cette quasi-déchéance que par la loi du 19 juillet 1866.

Poursuivant dans l'ordre chronologique le rapide examen des lois qui concernent notre matière, nous arrivons à la loi répressive de la contrefaçon, décrétée le 19 février 1810, et comprenant les articles 425 à 429 du Code pénal, dont nous ne croyons pas inutile de reproduire ici le texte :

« Article 425. — Toute édition d'écrits, de composition musicale, de dessin, de peinture ou de toute autre production, imprimée ou gravée en entier ou en partie, au mépris des lois et règlements relatifs à la propriété des auteurs, est une contrefaçon ; et toute contrefaçon est un délit.

Art. 426. — Le débit d'ouvrages contrefaits, l'introduction sur le territoire français d'ouvrages qui, après avoir été imprimés en France, ont été contrefaits chez l'étranger, sont un délit de la même espèce.

Art. 427. — La peine contre le contrefacteur ou contre l'introducteur sera une amende de cent francs au moins et de deux mille francs au plus ; et contre le débitant, une amende de vingt-cinq francs au moins et de cinq cents francs au plus.

» La confiscation de l'édition contrefaite sera prononcée tant contre le contrefacteur que contre l'introducteur et le débitant.

» Les planches, moules ou matrices des objets contrefaits, seront aussi confisqués.

» Art. 428. — Tout directeur, tout entrepreneur de spectacle, toute association d'artistes, qui aura fait représenter sur son théâtre des ouvrages dramatiques au mépris des lois et règlements relatifs à la propriété des auteurs, sera puni d'une amende de cinquante francs au moins, de cinq cents francs au plus, et de la confiscation des recettes.

» Art. 429. — Dans les cas prévus par les quatre articles précédents, le produit des confiscations, ou les recettes confisquées, seront remis au propriétaire, pour l'indemniser d'autant du préjudice qu'il aura souffert ; le surplus de son indemnité, ou l'entière indemnité, s'il n'y a eu ni vente d'objets confisqués, ni saisie de recettes, sera réglé par les voies ordinaires. »

Les articles précédents édictent des peines diverses qui sont appliquées sans préjudice de celles que prononçait l'article 41 du décret du 5 Février 1810, ci-dessus mentionné, pour certains délits et contraventions d'imprimerie ou de librairie. A la différence du précédent décret, ils fixent, en outre, le taux de l'amende qui doit être infligée au contrefacteur. Ils étendent l'application de cette amende au débitant, en la réduisant à un quart pour ce dernier. Ils assimilent à la contrefaçon le débit et l'introduction sur le territoire français d'ouvrages contrefaits à l'étranger après avoir été imprimés en France. Enfin, conformément aux décrets de 1793 et de 1810, ils maintiennent la confiscation au profit des auteurs des éditions contrefaites, en décidant qu'elle sera exercée tant contre le contrefacteur que contre le débitant et « l'introducteur » et en déclarant que cette confiscation comprendra en outre « les planches, moules ou matrices des objets contrefaits. »

Notons en dernier lieu une autre innovation : les entrepreneurs de spectacle ou associations d'artistes qui ont fait représenter un ouvrage dramatique sans le consentement de l'auteur, encourent, aux termes de l'article 428, non plus seulement la simple confiscation des recettes mais encore une amende de 50 à 500 francs.

En définitive, fixation du taux de l'amende contre les contrefacteurs, prévision et punition d'une nouvelle espèce de délit, aggravation de la pénalité, tels sont les trois résultats qui nous paraissent résulter de la législation pénale dont nous venons d'examiner sommairement les dispositions.

Nous ne parlerons que pour mémoire, pour ne pas sortir du cadre restreint de cette étude, du décret du 15 octobre 1812, relatif à l'organisation du Théâtre Français : mentionnons, toutefois, le titre 5 de ce décret, intitulé « des pièces nouvelles et des auteurs », où nous trouvons, pour la première fois, législativement réglée, la part d'auteur dans le produit de chaque recette.

Nous nous bornerons également à citer les décrets des 23 octobre 1814 et 25 octobre 1814, relatifs à l'impression, à la publication et au dépôt préalable des ouvrages, et qui avaient pour objet principal et presque exclusif des mesures de police imposées aux imprimeurs et libraires. En somme, la législation dont nous nous occupons reste à peu près stationnaire jusqu'à la loi du 3 août 1844, relative au droit de propriété des veuves et des enfants des auteurs dramatiques. L'article unique de cette loi est ainsi conçu :

« Les veuves et les enfants des auteurs d'ouvrages dramatiques auront, à l'avenir, le droit d'en autoriser la représentation, et d'en conférer la jouissance, pendant vingt ans, conformément aux dispositions des articles 39 et 40 du décret impérial du 5 février 1810. »

Il résultait, en effet, d'un avis du Conseil d'Etat, approuvé le 23 août 1811, que le décret sus-visé du 5 février 1810 n'était applicable aux représentations ni des œuvres dramatiques, ni des œuvres musicales. D'où cette conséquence que les veuves et les enfants des auteurs jouissaient du droit d'édition de pareilles œuvres, selon le décret de 1810, c'est-à-dire viagèrement ou pendant vingt ans, tandis que leurs droits, en ce qui concerne *les représentations*, continuaient à être régis par les décrets de 1791, modifiés par celui du 19 juillet 1793; ces droits se trouvaient donc limités à une durée de dix années seulement. La loi de 1844 est venue changer cet état de choses, qui constituait une anomalie évidente, en portant à vingt ans le droit de la veuve, des enfants et de leurs cessionnaires. Toutefois, l'anomalie subsiste toujours, quoique moindre, dans la durée du droit accordé à la veuve qui n'est que de vingt ans, pour la représentation, alors que son droit d'édition est viager. La loi du 8 avril 1854 viendra effacer cette dernière trace d'une différence qu'on a peine à comprendre.

Quant au droit des autres héritiers ou cessionnaires, il doit être toujours considéré, même après la loi de 1844, comme régi par le décret de 1793, c'est-à-dire comme limité à dix années; car le décret du 5 février 1810 et la loi de 1844 n'étendent expressément le bénéfice de leurs dispositions qu'à la veuve et aux enfants.

Nous allons voir bientôt une loi du 14 juillet 1866 rendre la législation plus uniforme et plus générale sur ce point. Mentionnons auparavant la loi du 31 mars 1852, qui punit la contrefaçon sur le territoire français des ouvrages publiés à l'étranger et faisant partie de ceux dont l'énumération est contenue dans l'article 425 du Code pénal. La contrefaçon en elle-même, le débit, l'exportation et l'expédition des ouvrages contrefaisants de ce genre sont frappés des peines édictées par les articles 427 et 429 du Code pénal, par assimilation avec l'introduction sur le territoire français d'ouvrages qui, après avoir été imprimés en France, ont été contrefaits chez l'étranger. D'ailleurs la poursuite n'est autorisée qu'après le dépôt préalable exigé par l'article 6 de la loi du 19 juillet 1793.

Nous arrivons à la loi du 8 avril 1854, qui réalise un double progrès sur ses devancières ; car, d'un côté, elle rend viager, comme nous l'avons annoncé tout à l'heure, le droit de la veuve quant à la représentation des œuvres dramatiques ou musicales ; d'un autre côté, elle porte à trente ans, au lieu de vingt ans, la durée du droit conféré aux enfants par la législation précédente. Voici le texte de cette loi :

« Article unique. — Les veuves des auteurs, des compositeurs et des artistes jouiront, pendant toute leur vie, des droits garantis par les lois des 13 janvier 1791 et 19 juillet 1793, le décret du 5 février 1810, la loi du 3 août 1844, et les autres lois ou décrets sur la matière.

» La durée de la jouissance accordée aux enfants par ces mêmes lois et décrets est portée à trente ans, à partir, soit du décès de l'auteur, compositeur ou artiste, soit de l'extinction des droits de la veuve. »

A citer encore une loi du 25 mai 1866, relative aux instruments de musique mécaniques, tels que boîtes à musique, orgues de Barbarie, etc... L'article unique de cette loi dispose que « la fabrication et la vente des instruments servant à reproduire mécaniquement des airs de musique qui sont du domaine privé ne constituent pas le fait de contrefaçon musicale prévu et puni par la loi du 19 juillet 1793, combinés avec les articles 425 et suivants du Code pénal. »

Certains ont vu dans cette loi, mais à tort selon

nous, un empiètement sur la propriété artistique.

S'il est admis, en effet, qu'on peut, dans son domicile privé, reproduire de mémoire, sur un instrument ou au moyen de la voix, des airs musicaux, pourquoi vouloir empêcher, dans les mêmes conditions, la reproduction mécanique des mêmes airs ? La solution serait, bien entendu, différente, s'il était fait usage des mêmes instruments dans un concert public et payant.

Nous arrivons enfin à la loi importante du 19 juillet 1866, dont les dispositions sont ainsi conçues :

« Article 1er. — La durée des droits accordés par les lois antérieures aux héritiers, successeurs irréguliers, donataires ou légataires des auteurs, compositeurs ou artistes, est portée *à cinquante ans*, à partir du décès de l'auteur.

» Pendant cette période de cinquante ans, le conjoint survivant, *quel que soit le régime matrimonial,* et indépendamment des droits qui peuvent résulter en faveur de ce conjoint du régime de la communauté, a la simple jouissance des droits dont l'auteur prédécédé n'a pas disposé par acte entre-vifs ou par testament.

» Toutefois si l'auteur laisse des héritiers à réserve, cette jouissance est réduite, au profit de ces héritiers, suivant les proportions et distinctions établies par les articles 913 et 915 du Code Napoléon.

» Cette jouissance n'a pas lieu lorsqu'il existe, au moment du décès, une séparation de corps prononcée contre ce conjoint ; elle cesse au cas où le conjoint contracte un nouveau mariage.

Les droits des héritiers à réserve et des autres héritiers ou successeurs, pendant cette période de cinquante ans, restent d'ailleurs réglés conformément aux prescriptions du Code Napoléon. Lorsque la succession est dévolue à l'Etat, le droit exclusif s'éteint sans préjudice des droits des créanciers et de l'exécution des traités de cession qui ont pu être consentis par l'auteur ou par ses représentants.

» Art. 2. — Toutes les dispositions des lois antérieures contraires à celles de la loi nouvelle sont et demeurent abrogées. »

Nous avons marqué en lettres italiques les deux innovations principales qui ressortent de ce texte législatif : la première est relative à la durée du droit concédé qui sera désormais de cinquante ans, la deuxième consiste dans l'attribution faite à la veuve, quel que soit le régime matrimonial, de la faveur qui n'avait été précédemment octroyée qu'à la femme commune. D'ailleurs l'expression « conjoint survivant » indique que le bénéfice du droit d'usufruit a été étendu aussi au veuf de la femme auteur. Ce n'est pas tout ; cette loi a une portée beaucoup plus générale que celles de 1810, 1844 et 1854, précédemment citées, puisqu'elle embrasse, à la différence de celles-ci, non seulement la veuve et les enfants, mais encore les autres héritiers, successeurs irréguliers, donataires ou légataires des auteurs, compositeurs ou artistes. En vertu du décret du 19 juillet 1793, toujours subsistant à leur égard, ces autres héritiers, légitimes ou irréguliers, avaient une propriété limitée à dix années. La durée de leur droit étant, pour l'avenir, portée à cinquante ans, cela constitue pour eux une amélioration d'autant plus notable que, depuis le décret du 5 février 1810 et sous l'empire des lois subséquentes, leur droit, qui commençait au décès de l'auteur, était bien souvent absorbé par le droit d'usufruit de la veuve. L'auteur, qui avait antérieurement un droit absolu sur la publication de son œuvre, ne pouvait néanmoins en disposer *à titre gratuit* au préjudice de l'usufruit de la veuve et de la réserve établie par la loi. Sous l'empire de la nouvelle loi, il peut, par une disposition à titre gratuit, priver la femme indigne de l'héritage de sa pensée. D'ailleurs le législateur prend soin de priver lui-même du droit viager la veuve contre qui la séparation de corps a été obtenue ou qui contracte un second mariage.

Ajoutons que l'extension du délai à cinquante ans est encore profitable à l'auteur en lui permettant de réaliser des cessions ou ventes de ses œuvres dans des conditions plus avantageuses, puisqu'en comprenant dans de pareils actes les droits de ses héritiers, il peut assurer aux cessionnaires un droit fixe et comprenant une période déterminée, tandis que la durée du droit cédé variait autrefois avec la qualité des héritiers laissés par l'auteur. Observons encore que le point de départ du droit conféré aux héritiers n'avait, sous les lois antérieures à celle dont nous nous occupons, aucune fixité : c'est ainsi que ce point de départ, marqué par la mort de l'auteur, sous l'empire du décret de 1793, était, d'après les lois subséquentes des 5 février 1810, 3 août 1844 et 8 avril 1854, subordonné tantôt au décès de l'auteur, tantôt au décès de sa veuve. De là une incertitude dans la durée des droits que l'auteur cédait de son vivant à des éditeurs ou libraires. Désormais, c'est toujours le décès de l'auteur qui sera pris pour point de départ. Il s'en suit une plus grande fixité du droit qui est corroborée encore par le maintien des cessions en cours d'exécution et la protection des droits des créanciers, nonobstant l'état de déshérence de la succession de l'auteur.

Enfin, comme conséquence des innovations nombreuses et importantes qu'il crée, le législateur de 1866 déclare abrogées les dispositions des lois antérieures contraires à celles qu'il vient d'établir. De là, par suite, l'abrogation de l'article 5 du décret du 19 janvier 1791, du décret du 19 juillet 1793, des articles 39 et 40 du décret du 5 février 1810, de la loi du 3 août 1844 et de celle du 8 avril 1854, en tant du moins que ces lois ou dispositions légales ont trait à une durée ou à un point de départ du droit différent de celui désormais concédé, ou qu'elles embrassent seulement certains héritiers au lieu de les comprendre tous, ou qu'elles exigent enfin chez la veuve la qualité de commune.

La loi du 19 juillet 1866 est restée la loi fondamentale sur notre matière.

En effet, depuis l'époque où elle a été promulguée jusqu'à nos jours, nous n'aurons plus qu'à mentionner l'article 3 de la loi du 29 juillet 1881 sur la presse. Cet article 3 n'a même trait à notre matière que d'une façon indirecte ; il est ainsi conçu :

« Au moment de la publication de tout imprimé, il en sera fait, par l'imprimeur, sous peine d'une amende de 16 à 300 fr., un dépôt de deux exemplaires, destinés aux collections nationales.

» Ce dépôt sera fait : au ministère de l'intérieur, pour Paris ; à la préfecture, pour les chefs-lieux du département ; à la sous-préfecture, pour les chefs-lieux d'arrondissement, et pour les autres villes, à la mairie.

» *L'acte de dépôt mentionnera le titre de l'imprimé et le chiffre du tirage.*

. . . . »

Pour justifier l'adjonction de ce dernier alinéa, M. Pelletan, rapporteur de la loi de 1881, s'exprimait de la sorte : « On pourrait dire, pour expliquer cette disposition, que le titre d'un ouvrage constitue une propriété ; qu'il importait de fixer le droit de priorité par l'acte du dépôt ; qu'il importait non moins de constater le chiffre du tirage. Quand un auteur vend une édition à un éditeur, il la vend tirée à un nombre déterminé d'exemplaires ; si l'acte de dépôt ne le constate pas authentiquement, quel sera le moyen de vérifier, en cas de litige, que ce nombre a ou n'a pas été dépassé ? Mais la commission n'avait pas à s'occuper de la propriété littéraire ; elle s'est surtout placée au point de vue de la répression ; elle a pensé que l'importance du tirage serait, en certains cas, un motif déterminant de la poursuite ; une publication tirée à quelques exemplaires pourrait ne présenter aucun danger, tandis qu'elle pourrait en offrir un si le tirage était considérable. »

Quoi qu'il en soit de ces explications, il est certain que le respect de la propriété littéraire, de la part des éditeurs, est intéressé à l'observation stricte de la disposition qui précède.

En résumé, concernant la propriété littéraire et artistique, la législation actuellement en vigueur comprend :

1° La loi du 19 juillet 1866, qui est la loi fondamentale sur la matière ;

2° Les lois antérieures, en tant qu'elles n'ont pas été abrogées par celle de 1866, à savoir les articles 1, 3 et 6 du décret du 19 juillet 1793, relatifs à la propriété, durant leur vie, des auteurs, compositeurs de musique, peintres, dessinateurs, à la confiscation des œuvres contrefaites, et au dépôt préalable de deux exemplaires ; le décret du 1er septembre 1793, dans la partie qui déclare applicable aux auteurs dramatiques l'ensemble du décrét de 1793 ; le décret du 25 prairial an III, qui attribue aux commissaires de police le pouvoir d'opérer la confiscation prescrite par l'article 3 du décret du 19 juillet 1793 ; les décrets des 1er et 7 germinal an XIII, sur la propriété des ouvrages posthumes et l'autorisation préalable à l'impression des livres d'église et de prières ; les articles 425 à 429 du Code pénal, qui servent soit à corroborer la législation antérieure contre la contrefaçon, soit à l'aggraver et à étendre sa portée ; enfin les dispositions des lois des 5 février 1810, 3 août 1844 et 8 avril 1854, dans leur partie simplement relative à la concession de droits à la veuve et aux enfants de l'auteur, avec leur extension expresse aux héritiers des auteurs dramatiques, sauf leur abolition en ce qui concerne la durée et le point de départ de ces droits.

Ajoutons à ces textes l'article 3 précité de la loi du 29 juillet 1881, et nous aurons donné l'énumération de toutes les dispositions législatives qui gouvernent la propriété dont nous nous occupons.

Citons encore, à titre de simple document, le texte d'une circulaire du 30 janvier 1846, émanée de M. N. Martin (du Nord), garde des sceaux :

« *A Messieurs les Procureurs généraux.*

» La contrefaçon de livres français et surtout de livres destinés à l'enseignement s'exerce depuis quelque temps sur une vaste échelle dans plusieurs départements, au grand préjudice des auteurs, des éditeurs et des libraires. Aussitôt qu'un ouvrage a obtenu quelque succès dans les collèges ou dans les écoles, les éditions qui en sont publiées, avec l'assentiment de l'auteur, sont immédiatement reproduites dans les ateliers de la contrefaçon : le format, le caractère, le nom de l'éditeur, quelquefois même la griffe de l'auteur, sont copiés si exactement qu'un œil exercé peut seul reconnaître la fraude.

» Ces éditions clandestines, tirées presque toujours à un très grand nombre d'exemplaires, sont déposées chez des tiers dont le domicile est à l'abri des visites de l'autorité ; et, de là, elles sont envoyées chez les libraires des départements avec lesquels traitent secrètement les contrefacteurs.

» Cette ressemblance exacte de l'édition contrefaite avec l'édition originale, les précautions habiles et minutieuses dont s'entourent les auteurs et les complices de la fraude pour en empêcher la découverte, enfin les appuis et les protections qu'ils rencontrent trop souvent dans les lieux de leur résidence, rendent la poursuite de ce genre de délit très difficile, et, lorsqu'une condamnation intervient, les dommages-intérêts alloués aux plaignants sont presque toujours insuffisants pour couvrir leurs pertes et prévenir de nouvelles atteintes à leur propriété. Je saisis cette occasion d'appeler votre attention particulière sur la fréquence des délits de contrefaçon, qui doit être surtout attribuée à l'impunité des délinquants ou à la trop grande indulgence des condamnations prononcées contre eux, et pour vous recommander, non seulement dans l'intérêt d'une industrie importante, mais encore dans l'intérêt de la justice et de la moralité publique, d'user de tous les moyens qui sont en votre pouvoir pour assurer la prompte et énergique répression de ces sortes de délits, soit en provoquant vous-même des poursuites, soit en vous associant à celles qui seraient directement exercées par les parties lésées. »

Pour terminer, mentionnons le décret du 29 octobre 1887, qui déclare applicables aux colonies les lois qui régissent en France la propriété littéraire.

SECTION II.

CONVENTIONS INTERNATIONALES. — RÉCENT CONGRÈS RELATIF A LA GARANTIE RÉCIPROQUE DES ŒUVRES D'ART ET D'ESPRIT.

Nous n'entreprendrons pas d'étudier, même sommairement, les législations qui régissent, dans les pays étrangers, la propriété littéraire et artistique.

Qu'il nous suffise d'indiquer que ces législations offrent toutes les différences plus ou moins notables avec la nôtre et qu'il en est peu malheureusement qui aient encore inscrit dans leurs textes et consacré définitivement le principe de la perpétuité que nous appelons de nos vœux.

En Europe, en effet, nous trouvons chez toutes les nations le droit des auteurs et artistes limité quant à sa durée. En Espagne, où la durée de ce droit est la plus longue, elle est de 80 ans seulement après la mort de l'auteur. De même en Italie. En Belgique, en Russie, sa durée est, comme chez nous, de 50 ans. En Angleterre, en Allemagne, pour ne citer que les principaux Etats, elle est moindre.

Il faut aller aux Etats-Unis pour rencontrer des pays où la durée perpétuelle de la propriété intellectuelle est législativement reconnue : le Mexique, le Guatemala, le Vénezuela sont de ce nombre.

Quoi qu'il en soit, notre but est simplement de noter dans ce chapitre le caractère, la teneur et la portée de quelques-unes des conventions qui sont intervenues entre la France et les nations étrangères dans un but de protection réciproque des œuvres littéraires et artistiques. Nous croyons, en effet, utile, pour compléter cette étude, de dire quelques mots de ces conventions, parce qu'elles intéressent directement nos nationaux qui font publier leurs œuvres en pays étranger ou qui veulent les protéger contre la contrefaçon étrangère.

Il serait trop long de parler de tous les traités que la France a conclus dans ce siècle avec des Etats étrangers. D'ailleurs, parmi les traités intervenus avant la loi du 14 juillet 1866, beaucoup n'ont plus qu'un intérêt rétrospectif. Aussi ne citerons-nous, dans le cours de cette période, que celles de ces conventions qui, par leur importance, méritent d'être relatées. Nous porterons plus spécialement notre attention sur les traités intervenus depuis la loi de 1866 et qui ne peuvent manquer de présenter un intérêt pratique, soit qu'ils renferment des dispositions absolument nouvelles, soit qu'ils constituent une confirmation ou une extension d'anciennes conventions.

Le plus ancien des traités conclus avant 1866 est celui qui a été passé le 28 août 1843 entre la France et la Sardaigne et bientôt suivi de celui du 5 novembre 1850. Il y est dit notamment que tout envoi fait d'un des deux pays dans l'autre devra être accompagné d'un certificat délivré en France par les Préfets ou Sous-Préfets établis dans la ville la plus voisine du lieu d'expédition, et en Sardaigne, par les intendants généraux ou intendants de province. Tout ouvrage non accompagné de ce certificat devait être retenu par la douane pendant un certain délai au cours duquel les agents diplomatiques ou consulaires respectifs et les parties intéressées étaient avisés. A l'expiration de ce délai, si les parties ne s'étaient pas pourvues, l'introduction était permise, sauf le droit réservé aux parties d'exercer plus tard des poursuites en contrefaçon. Nous mentionnons ces dispositions à titre d'exemple des moyens employés à cette époque pour prévenir la contrefaçon qui aurait pu trouver refuge d'un des pays contractants dans l'autre.

Peu de temps après, le 3 novembre 1851, intervint une convention entre la France et le Royaume-Uni de la Grande Bretagne et d'Irlande, dont la promulgation et l'exécution furent assurées par un décret du 22 janvier 1852.

D'autres conventions importantes ne tardèrent pas à suivre, surtout après le décret du 28 mars 1852, dont nous avons déjà parlé, et qui a eu pour but de réprimer la contrefaçon faite en France des ouvrages étrangers.

En effet, cette faveur accordée aux ouvrages étrangers engageait de nombreux Etats à user de réciprocité dans les conventions qu'ils formèrent avec la France. C'est ainsi que le duché de Brunswik conclut avec la France, le 8 août 1852, un traité dont nous mentionnerons, à titre de document, les articles 1 et 9 :

« Article 1er. — Le droit exclusif des auteurs de publier (vervielfaltigen) leurs ouvrages d'esprit ou d'art, tels que livres, écrits, œuvres dramatiques, compositions musicales, tableaux, gravures, lithographies, dessins, travaux de sculpture et autres productions littéraires et artistiques, sera protégé également dans les deux Etats, de telle sorte que la protection accordée par *le décret du Prince-Président de la République française, en date du 28 mars 1852*, aux ouvrages publiés dans le duché de Brunswik, sera également accordée, d'après les termes de la loi émanée dans le duché de Brunswik, en date du 10 février 1842, aux ouvrages publiés en France.

» Art. 9. — La présente convention demeurera en vigueur aussi longtemps que le décret du Prince-Président de la République française, du 28 mars 1852, sera en vigueur, etc... »

La convention conclue le 2 octobre 1852 avec le landgraviat de Hesse et promulguée par décret du 23 novembre suivant, celle passée le 27 avril 1853 avec le duché de Nassau partirent du même principe de réciprocité.

Il n'est pas dans notre intention, nous l'avons dit, de faire autre chose que d'énumérer les traités principaux qui ont été promulgués jusqu'en 1866 et aux clauses desquels il est facile de se reporter. Nous ne ferons donc que citer : le décret du 4 février 1854 portant promulgation de la convention passée avec l'Espagne ; 3 décrets du 13 avril 1854 promulguant des conventions avec la Belgique ; le décret du 10 août 1855 relatif à la convention avec les Pays-Bas ; celui du 30 octobre 1858 relatif à la convention avec le canton de Genève ; le décret du 22 mai 1861 rendant exécutoire la convention avec la Russie ; les décrets des 24 septembre 1862, 28 novembre 1864, 10 mai 1865, promulguant les conventions avec le royaume d'Italie, la Suisse et la Prusse.

Remarquons en passant qu'aux termes du décret précité du 28 mars 1852 et des conventions ci-dessus mentionnées, la formalité du dépôt préalable des ouvrages est imposée aux étrangers aussi bien qu'à nos nationaux. Un décret du

29 avril 1854, toujours en vigueur, porte ce qui suit concernant cette formalité :

« Les certificats destinés à constater le dépôt légal de livres, gravures, lithographies, compositions musicales, etc..., effectué dans nos Chancelleries diplomatiques et consulaires, en vertu de dispositions spéciales inscrites dans les traités sur la propriété littéraire et artistique, seront soumis à un droit uniforme de 50 centimes par certificat. »

Si nous partons de la loi du 14 juillet 1866, qui, étant relativement récente et marquant l'état complet de notre législation actuelle, peut être prise, en quelque sorte, comme ligne de démarcation entre la période moderne et celle qui lui était antérieure, les deux premiers décrets que nous rencontrons sont ceux du 19 décembre 1866 et du 20 février 1867 qui promulguent la convention conclue, le 11 décembre 1866, entre la France et l'Autriche. Ces décrets sont encore en vigueur. Le premier accorde aux auteurs d'écrits ou d'objets d'art dans chacun des deux Etats réciproquement les mêmes avantages « qui y sont ou y seront attribués par la loi à la propriété des ouvrages de littérature ou d'art, en limitant toutefois la concession de ces avantages à la durée des droits, accordée par la loi du pays où la publication originale a été faite. » Le deuxième décret du 20 février 1867 ne fait que prescrire certaines règles relatives à l'exécution du premier.

Nous citerons également le décret du 27 juillet 1867 concernant la convention entre la France et le Portugal. Par ce texte, les deux pays se font des avantages réciproques identiques à ceux résultant du traité précité, conclu avec l'Autriche.

Il en est de même du décret du 5 novembre 1867 promulguant la convention passée entre la France et les Etats Pontificaux.

Nous nous bornerons à énumérer les conventions suivantes : celle promulguée le 20 février 1869 entre la France et la Belgique, suivie des décrets additionnels des 24 février 1874 et 7 octobre 1879 ; celle du 3 septembre 1875 entre la France et le Royaume-Uni de la Grande Bretagne et d'Irlande ; celles des 20 et 22 juillet 1880 entre la France et l'Espagne ; celle du 21 août 1883 entre la France et l'Allemagne, accompagnée du décret exécutoire du 8 novembre 1883 ; celle du 23 janvier 1885 entre la France et l'Italie dont l'exécution a été assurée par décret du 20 avril 1885.

Toutes ces conventions, en effet, partent du même principe de réciprocité dont nous venons de parler et nous ne jugeons pas opportun de reproduire ici leur texte assez long. D'ailleurs il nous suffira de citer les principales clauses de la convention internationale, signée à Berne le 9 septembre 1886, et promulguée le 12 septembre 1887, pour donner une idée assez complète du texte et de la portée des conventions dont nous venons de parler. C'est en effet dans ce traité auquel ont pris part simultanément la France, l'Allemagne, la Belgique, le Royaume-Uni de la Grande Bretagne et d'Irlande, l'Italie, la Suisse, que se trouvent condensées les principales clauses des traités antérieurs, que ce dernier ne fait que corroborer, en cherchant à les rendre plus efficaces, grâce à une surveillance commune et plus générale.

Voici les principaux des 21 articles de la convention de Berne :

« ARTICLE Ier. — Les pays contractants sont constitués à l'état d'union pour la protection des droits des auteurs sur leurs œuvres littéraires et artistiques.

» ART. 2. — Les auteurs ressortissant à l'un des pays de l'Union ou leurs ayants cause jouissent, dans les autres pays, pour leurs œuvres soit publiées dans un de ces pays, soit non publiées, des droits que les lois respectives accordent actuellement ou accorderont par la suite aux nationaux.

» La jouissance de ces droits est subordonnée à l'accomplissement des conditions et formalités prescrites par la législation du pays d'origine de l'œuvre ; elle ne peut excéder, dans les autres pays, la durée de la protection accordée dans ledit pays d'origine.

» Est considéré comme pays d'origine de l'œuvre celui de la première publication, ou, si cette publication a lieu simultanément dans plusieurs pays de l'union, celui d'entre eux dont la législation accorde la durée de protection la plus courte.

» Pour les œuvres non publiées, le pays auquel appartient l'auteur est considéré comme pays d'origine de l'œuvre.

» ART. 3. — Les stipulations de la présente convention s'appliquent également aux éditeurs d'œuvres littéraires et artistiques publiées dans un des pays de l'union, et dont l'auteur appartient à un pays qui n'en fait pas partie.

» Art. 4. — L'expression « œuvres littéraires et artistiques » comprend les livres, brochures ou tous autres écrits; les œuvres dramatiques ou dramatico-musicales, les compositions musicales, avec ou sans paroles ; les œuvres de dessin, de peinture, de sculpture, de gravure; les lithographies, les illustrations, les cartes géographiques, les plans, croquis et ouvrages plastiques, relatifs à la géographie, à la topographie, à l'architecture ou aux sciences en général; enfin toute production quelconque du domaine littéraire, scientifique ou artistique, qui pourrait être publiée par n'importe quel mode d'impression ou de reproduction.

» Art. 5. — Les auteurs ressortissant à l'un des pays de l'union ou leurs ayants cause jouissent, dans les autres pays, du droit exclusif de faire ou d'autoriser la traduction de leurs ouvrages jusqu'à l'expiration de dix années à partir de la publication de l'œuvre originale dans l'un des pays de l'union. . . . .

. . . .

» Art. 6. — Les traductions licites sont protégées comme des ouvrages originaux. . . . . . .

. . . .

» Art. 7. — Les articles de journaux ou de recueils périodiques, publiés dans l'un des pays de l'union, peuvent être reproduits, en original ou en traduction, dans les autres pays de l'union, à moins que les auteurs ou éditeurs ne l'aient expressément interdit. Pour les recueils, il peut suffire que l'interdiction soit faite d'une manière générale en tête de chaque numéro du recueil.

» En aucun cas, cette interdiction ne peut s'appliquer aux articles de discussion politique ou à la reproduction des nouvelles du jour et des *faits divers*.

. . . .

. . . .

» Art. 11. — Pour que les auteurs des ouvrages protégés par la présente convention soient, jusqu'à preuve contraire, considérés comme tels et admis, en conséquence, devant les tribunaux des divers pays de l'union, à exercer des poursuites contre les contrefaçons, il suffit que leur nom soit indiqué sur l'ouvrage en la manière usitée.

» Pour les œuvres anonymes ou pseudonymes, l'éditeur dont le nom est indiqué sur l'ouvrage est fondé à sauvegarder les droits appartenant à l'auteur. Il est, sans autres preuves, réputé comme ayant cause de l'auteur anonyme ou pseudonyme.

» Il est entendu, toutefois, que les tribunaux peuvent exiger, le cas échéant, la production d'un certificat, délivré par l'autorité compétente, constatant que les formalités prescrites, dans le sens de l'article 2, par la législation du pays d'origine, ont été remplies.

» Art. 12. — Toute œuvre contrefaite peut être saisie à l'importation dans ceux des pays de l'union où l'œuvre originale a droit à la protection légale.

» La saisie a lieu conformément à la législation intérieure de chaque pays.

. . . .

» Art. 16. — Un office international est institué sous le nom de *Bureau de l'Union internationale pour la protection des œuvres littéraires et artistiques.*

. . . . »

Un article additionnel à la convention porte ce qui suit :

« La convention conclue à la date de ce jour n'affecte en rien le maintien des conventions actuellement existantes entre les pays contractants, en tant que ces conventions confèrent aux auteurs ou à leurs ayants cause des droits plus étendus que ceux accordés par l'Union, ou qu'elles renferment d'autres stipulations qui ne sont pas contraires à cette convention. »

Suit enfin le protocole de clôture qui stipule que la langue officielle du bureau international sera la langue française.

Nous ne nous attacherons pas à commenter le document important dont nous venons de rapporter les principaux extraits : la simple lecture suffit à en faire apprécier la portée générale et le caractère éminemment protecteur.

Bornons-nous à faire observer qu'une clause de la convention de Berne réserve aux pays qui n'y ont pas participé la faculté de donner leur adhésion ultérieure.

Il est à souhaiter que les adhésions, ainsi facilitées pour l'avenir, se produisent très nombreuses et que, l'union s'étendant et se fortifiant de plus en plus, la contrefaçon ne trouve plus de refuge chez aucune nation étrangère. L'intérêt des auteurs et des artistes de toutes les nationalités n'est-il pas engagé dans l'extension toujours plus grande de cette alliance pacifique entre nations formée en vue de détruire, partout où elle se produira, ce que l'on peut appeler « la piraterie littéraire et artistique ? »

Ajoutons que l'on se préoccupe de nos jours d'assurer à ces conventions internationales toute leur efficacité en s'attachant à obtenir l'observation mutuelle et sévère des stipulations du contrat et en recherchant les moyens de résoudre rapidement les difficultés d'interprétation que peut soulever leur exécution.

C'est ainsi que l'Institut de Droit International réuni à Paris, le 31 mars 1894, a décidé que le prochain Congrès aurait lieu à Cambridge, le 8 août 1895, et qu'une des principales questions mises à l'ordre du jour serait : « L'arbitrage dans les rapports internationaux au point de vue des conventions littéraires. »

CHAPITRE IV.

JURISPRUDENCE.

Nous croyons utile de consacrer ce chapitre à un court aperçu sur notre jurisprudence, en nous attachant plus spécialement à l'examen des arrêts et jugements, rendus soit de nos jours, soit à une époque récente. Puisqu'il s'agit d'assurer une sanction effective aux lois protectrices de la propriété littéraire ou artistique, les difficultés qu'il faudra trancher surgiront le plus ordinairement des faits de contrefaçon et de l'interprétation des traités de cession. Nous nous occuperons tout d'abord de la contrefaçon. Où commence-t-elle? Où s'arrête-t-elle? Telle est la question que les tribunaux ont le plus souvent à résoudre. Posons en premier lieu cette question à propos des écrits en général; nous la poserons ensuite à propos des compositions de musique et œuvres artistiques quelconques.

L'article 1er du décret du 19 juillet 1793 parle *d'écrits en tout genre*. La généralité de ces termes a permis aux tribunaux de comprendre, parmi les œuvres qui doivent bénéficier de la protection de la loi, toutes celles qui ont été écrites, imprimées et publiées ou qui sont susceptibles de l'être; qu'il s'agisse d'un livre proprement dit sur un sujet quelconque ou d'un simple journal, l'auteur pourra faire respecter son droit, pourvu toutefois que la condition du dépôt préalable, prescrit par l'article

6 du décret de juillet 1793, ait été remplie. Mais quand le droit de l'auteur sera-t-il violé ? Il le sera évidemment dès qu'il y aura empiètement de la part d'autrui, sur la mise en vente, distribution ou cession de l'œuvre, lesquelles sont des attributs de la propriété reconnus à l'auteur par le décret précité de 1793.

La réimpression totale ou partielle de l'écrit doit nécessairement précéder un pareil empiètement. C'est pourquoi l'article 425 du Code pénal porte que « toute *édition* d'écrits, de composition musicale, de dessin... imprimée ou gravée en entier ou en partie, au mépris des lois et règlements relatifs à la propriété des auteurs, est une contrefaçon. » Mais cette contrefaçon peut se manifester de façons très diverses, grâce aux ressources nombreuses de la fraude ; elle peut s'appliquer, en outre, non seulement à l'impression des écrits proprement dits, mais à l'impression des discours, sermons, plaidoyers, leçons orales, auxquels les tribunaux n'ont pas cru devoir refuser la protection de leurs sentences. Aussi importe-t-il de citer, en regard de chaque espèce, quelques-unes des nombreuses solutions de la jurisprudence.

Ecrits proprement dits. — Les écrits en tout genre dont parle la loi du 19 juillet 1793 comprennent toute production intellectuelle, manifestée par l'écriture ou par l'imprimerie, et qui a exigé de la part de son auteur un travail de l'esprit. Peu importe d'ailleurs, d'après la jurisprudence, que l'écrit soit destiné à être vendu, ou qu'il soit seulement distribué gratuitement, la généralité de la loi embrassant tous les cas (Nancy, 18 avril 1893, *Gazette du Palais*, 1er semestre, page 546). Toutefois, la Cour de Cassation décide « que le délit de contrefaçon ne peut exister que lorsqu'il y a édition, c'est-à-dire vente ou distribution au public, de *copies* exécutées sans autorisation de l'auteur ou de son cessionnaire et faisant une concurrence illicite à l'édition originale. » (Cass., Civ. Rej., 25 janvier 1893. *Gazette du Palais*, 1er semestre 1893, page 479). Le mot *copie*, employé par le précédent arrêt, indique une reproduction intégrale de l'œuvre originale. Mais nul doute qu'une reproduction simplement partielle de l'œuvre puisse constituer, elle aussi, le délit de contrefaçon. C'est ainsi que la Cour de Paris, dans un arrêt du 20 février 1872 (D. P. 72. 2, 173), a estimé, justement selon nous, que le fait de publier un livre dans lequel le lieu de l'action, les personnages principaux, les situations et les épisodes sont absolument identiques à ceux d'une œuvre antérieure, constitue une véritable contrefaçon, malgré certaines dissemblances ayant pour but de différentier le livre incriminé d'avec celui de l'auteur original. Il faut consulter également un arrêt de la Cour de Paris du 12 avril 1892 (D. P. 1893. 2. 550) relatif à la reproduction de nombreux passages et documents d'un livre antérieur. Un arrêt de la Cour d'Orléans du 10 juillet 1854 (D. P. 1855. 2. 157) rendu dans une espèce importante, se rapportant à la contrefaçon de la Biographie universelle, publiée par les frères Michaud, a fait une application intéressante des peines de la contrefaçon à une œuvre entachée de reproduction partielle. Un motif de cette décision est ainsi conçu : « Considérant que le Code pénal punit comme contrefaçon toute édition en tout ou en partie d'un écrit, en contravention aux lois sur la propriété des auteurs, laissant aux juges le soin d'arbitrer dans quelles limites raisonnables doit se renfermer l'application d'une loi à la reproduction partielle. » Pour un dictionnaire historique et biographique qui est une œuvre d'une nature tout à fait particulière, les règles relatives à la propriété et à la contrefaçon littéraires ne sont pas strictement appliquées, car les œuvres de ce genre sont nécessairement des compilations dont les éléments puisés dans le domaine public ou empruntés aux mêmes sources ont des points de ressemblance nombreux ; il faudra s'attacher de préférence à la mise en œuvre des matières, à l'ordre adopté par l'auteur, au choix des exemples et des citations pour faire l'application de la loi (Tribunal civil de la Seine, 12 janvier 1893. D. P., 1893. 2. 177).

C'est donc aux tribunaux qu'il appartient d'apprécier si le délit de contrefaçon ressort suffisamment soit d'une reproduction partielle, soit d'emprunts notables faits à une œuvre antérieure. D'ailleurs la Chambre criminelle de la Cour de Cassation consacre formellement ce principe en reconnaissant aux tribunaux « un pouvoir souverain pour décider, d'après les circonstances, si les œuvres littéraires ou objets d'art constituent une propriété exclusive en faveur de leur auteur et si elles ont été l'objet d'une contrefaçon. »

Dans ce sens on est allé jusqu'à décider que la reproduction dans un ouvrage de gravures tirées d'un ouvrage antérieur était suffisante pour constituer une atteinte au droit de propriété de l'auteur originaire et pour justifier une condamnation à des dommages-intérêts (Cass., Req. 6 nov. 1872. D. P. 1874. 1.493).

Que dire du *titre* d'un ouvrage ? Son usurpation constitue-t-elle le délit de contrefaçon ? Il faut répondre affirmativement avec la jurisprudence, toutes les fois que l'usurpation du titre est de nature à causer un préjudice réel à celui qui l'a employé le premier. La Chambre criminelle de la Cour de Cassation, dans un arrêt du 28 floréal an XII, l'avait ainsi décidé. Un considérant de cet arrêt portait « que l'objet de la loi du 19 juillet 1793 est de faire jouir les auteurs, leurs héritiers et cessionnaires, du *droit exclusif* d'imprimer, vendre et distribuer leurs ouvrages, et par conséquent de prohiber l'impression et distribution de leurs ouvrages ; qu'en offrant une contrefaçon plus ou moins parfaite, on nuirait à l'exercice de ce droit exclusif qu'elle leur garantit ; qu'ainsi, dès l'instant où il a été reconnu que sans permission de l'Académie française, ou des éditeurs de son Dictionnaire, étant à ses droits, Leclerc et Montadier se sont permis d'usurper le nom de l'auteur du Dictionnaire, et *sous le titre principal qui devait faire naître la confiance du public*, d'imprimer, etc..... »

Toutefois, l'usurpation du titre de l'ouvrage n'était pris ici que comme un des éléments de la contrefaçon. Mais il ressort d'arrêts postérieurs que la seule usurpation du titre d'un livre antérieur suffit à constituer un fait de contrefaçon dont on peut obtenir la répression (voir notamment un arrêt de la Cour de Paris du 24 nov. 1886, D. P. 1887. 2. 194). Le titre, en effet, est souvent un élément primordial et essentiel de l'ouvrage qu'il sert à spécifier et à *individualiser* en quelque sorte, pour nous servir d'une expression employée dans l'un des arrêts précités. L'usurpation qui en est faite pouvant avoir comme conséquence d'établir une confusion très préjudiciable à l'auteur, il fallait que toute atteinte sérieuse portée à son droit, de ce chef, pût être réprimée. « Otez le titre, disait M. le procureur général Merlin dans son réquisitoire qui a précédé l'arrêt ci-dessus mentionné, rendu le 28 floréal an XII par la Cour Suprême, il n'y a plus de moyen d'annoncer l'ouvrage au public, plus de moyen de le déposer à la Bibliothèque nationale pour en assurer la propriété, plus de moyen de le vendre et d'en tirer aucun parti. »

Cependant il importait également de ne pas tomber dans un excès de rigorisme, nuisible à l'initiative individuelle ; c'est pourquoi les tribunaux, qui ont en cette matière, nous l'avons dit, un pouvoir souverain d'appréciation, ont jugé à bon droit qu'on ne saurait considérer comme un fait de contrefaçon l'appropriation d'un titre générique, déjà employé, tel que celui de Dictionnaire de Médecine, de Biographie universelle (Crim. Cass. 16 juillet 1853, D. P. 1853. 1. 309).

D'ailleurs, comme nous le verrons plus loin, tous les faits de contrefaçon que nous venons d'énumérer doivent, pour être punissables pénalement, avoir été accomplis avec une intention délictueuse.

Le sujet d'un ouvrage doit-il, comme son titre, être mis à l'abri des emprunts ? Evidemment non. Chacun a le droit de traiter à sa façon le sujet que d'autres ont déjà traité. C'est même là une des conditions essentielles du progrès, car chacun peut donner à la matière qu'il traite un tour original, une exposition particulière que personne n'avait su lui donner jusqu'à ce jour ; il peut, en outre, l'enrichir de nouveaux éléments que des études assidues, des modes particuliers d'investigation lui ont permis de mettre au jour. D'ailleurs, décider le contraire serait aller contre le texte du décret de 1793, qui protège les *écrits*, c'est-à-dire la forme et le plan donnés au sujet, mais non pas le sujet lui-même. Est-il besoin d'ajouter que les idées sont dans le domaine commun, qu'il n'y a rien de nouveau sous le soleil, comme on le dit souvent avec une certaine vérité, et qu'on serait bien embarrassé, dans la majorité des cas, de choisir un sujet absolument neuf et inexploré ?

Un auteur est-il propriétaire des notes ou des commentaires qu'il a publiés sur un livre tombé dans le domaine public ? Il faut décider l'affirmative, lorsque ces notes sont le produit de conceptions propres à l'auteur (arrêt de la Cour de Paris du 7 nov. 1835. Dalloz, Répert. V° propriété littéraire, pag. 458). Il en est de même pour les notices de jurisprudence. Car dans la majorité des cas, on exige, suivant les termes d'un arrêt de la Cour de Paris du 5 août 1884 (D. P. 1893. 2. 178) « un travail d'esprit qui donne naissance à une œuvre originale et personnelle créant au profit de l'auteur un droit de propriété. »

Il faut encore décider que les augmentations ou remaniements apportés à un ouvrage tombé dans le domaine public sont susceptibles, si, d'après l'appréciation des tribunaux, elles constituent une œuvre de l'intelligence, de créer une propriété exclusive au profit de leur auteur : d'ailleurs l'auteur n'est pas tenu de séparer du texte ancien ses additions ou changements « sous peine de les voir, par une sorte d'accession, devenir propriété publique. » (Cass. Crim. 27 février 1893.) Cette dernière observation a pour but d'établir la différence entre les augmentations ou remaniements dont nous venons de parler et les œuvres posthumes qui, selon la loi du 1er germinal an XIII, doivent, sous peine de déchéance, être publiées séparément de l'œuvre devenue propriété publique.

Lorsqu'il s'agit d'une œuvre dont le manuscrit a été cédé sans réserve à un éditeur, ce dernier peut-il, sans autorisation de l'auteur, faire des additions, corrections ou coupures dans le manuscrit qu'il a entrepris de publier ? Il faut répondre négativement avec la jurisprudence (Tal civil Seine 14 déc. 1859 et 14 mars 1860. D. P. 1860, 3. 16 ; Bordeaux, 24 août 1863, D. P. 64 2. 77 : « Attendu, d'après ce dernier arrêt, que la cession, même sans réserve, d'un manuscrit sur lequel l'auteur a apposé son nom ne peut avoir les mêmes effets que celles des propriétés ordinaires ; qu'elle ne donne pas au cessionnaire le droit d'en disposer de la manière la plus absolue, par exemple, d'y faire des changements, additions ou suppressions susceptibles d'en altérer la forme et la valeur ; qu'en effet le cédant n'a reçu que l'équivalent du produit matériel que son ouvrage lui aurait procuré s'il l'avait imprimé ou vendu pour son propre compte, mais qu'il ne peut être présumé avoir aliéné l'espoir inéluctable de la réputation que peut, en pareil cas, donner la publicité..... » Cette décision a même été étendue au cas d'un article destiné à être publié dans une Revue et auquel le Directeur de cette publication périodique avait, sans l'assentiment de l'auteur, imposé des corrections et coupures (Cass. civ. 21 août 1867. D. P. 67. 1. 369).

Concernant les écrits proprement dits, nous venons d'indiquer les principaux cas d'application de la jurisprudence. Toutefois, il convient, pour compléter ce rapide examen, d'envisager encore quelques hypothèses particulières :

Une compilation qui comprend, on le sait, des éléments empruntés à un ou plusieurs ouvrages, doit-elle être considérée comme entachée de contrefaçon ? Il faut distinguer : si elle constitue une imitation grossière et servile, elle pourra être considérée comme l'œuvre d'un contrefacteur ; mais si elle implique de la part de celui qui l'a créée du goût, du discernement, un effort personnel de l'intelligence, il faudra lui reconnaître le caractère d'une œuvre susceptible d'un droit privatif de propriété. C'est ainsi qu'a décidé la Cour de Cassation dans un arrêt du 2 décembre 1814 (D. P. 15. 1. 187) auquel nous empruntons le considérant suivant : « Au fond, vu les articles 1, 2, 3, 4 et 7 de la loi du 19 juillet 1793 ; attendu que la loi du 19 juillet 1793 s'applique, d'après ses expressions litérales, aux auteurs d'écrits en tout genre; que si elle énonce particulièrement les ouvrages qui sont le fruit du génie, elle énonce aussi expressément les productions de l'esprit ; qu'elle s'étend donc aux recueils, aux compilations et autres ouvrages de cette nature, lorsque ces ouvrages ont exigé dans leur exécution le discernement du goût, le choix de la science, le travail de l'esprit ; lorsqu'en un mot, loin d'être la simple copie d'un ou de plusieurs autres ouvrages, ils ont été tout à la fois le produit de conceptions étrangères à l'auteur et de conceptions qui lui ont été propres, et d'après lesquelles l'ouvrage a pris une forme nouvelle et un caractère nouveau..... » (Voir encore Paris, 21 déc. 1832; Colmar, 17 août 1858, D. P. 1859. 2. 13; Cass., Crim., 27 nov. 1869, D. P. 1870. 1. 186; Nancy, 18 avril 1893, *Gazette du Palais* 1893, 1er semestre, pag. 546.)

Un catalogue de musée peut, de même qu'une compilation, créer une propriété privée, en raison de son importance et du travail de l'esprit qu'il a occasionné. (Bordeaux, 24 août 1863, D. P. 2. 77.)

Que dire de la simple traduction d'un ouvrage étranger? Il faut la considérer comme susceptible, à l'instar de tout autre écrit, d'engendrer une propriété, protégée par les lois sur la contrefaçon. Une traduction constitue, en effet, une œuvre principale, indépendante de l'écrit original dont elle est la copie plus ou moins élégante ; elle est aussi plus ou moins respectueuse du style qu'elle reproduit, plus ou moins appropriée aux nécessités grammaticales de la nouvelle langue sous laquelle elle est publiée. Elle exige en un mot souvent un effort de l'intelligence, du discernement, du goût. On pourrait citer comme exemple d'une œuvre vraiment personnelle de ce genre les traductions de Géorgiques de Virgile dues à M. Delille. (Cass., Crim., 23 juillet 1824 ; Paris, 2 avril 1824.)

Nous verrons, dans un chapitre suivant, quel est le droit, d'après les traités internationaux, de celui dont une œuvre est traduite en pays étranger? Il faut d'ailleurs décider que la reproduction en France d'un ouvrage français, même en langue étrangère, constituerait le délit de contrefaçon. Car une œuvre ne peut, tant qu'elle n'est pas tombée dans le domaine public, être traduite sans le consentement de son auteur. De même il a été jugé qu'un ouvrage dramatique français, traduit en langue étrangère, ne peut être représenté sur un théâtre de France, même dans cette dernière langue, sans l'autorisation de l'auteur (D. P. 1853. 1. 119). Au surplus le nom de *nouvelle édition* ne saurait être appliqué à la traduction d'un ouvrage (arrêt de Nancy du 31 mai 1890, confirmé par la Cour de Cassation, (D. P. 1893. 1. 201).

Nous avons déjà parlé des œuvres posthumes à propos de la loi du 1er Germinal an XIII. Qu'il nous suffise de mentionner que cette loi, qui accorde aux propriétaires, par succession ou à autre titre, d'un ouvrage posthume les mêmes droits qu'à l'auteur, tels qu'ils avaient été réglés par les lois antérieures, n'a pas été modifiée. Donc la durée du droit d'un propriétaire d'ouvrage posthume continue à être régie par la loi antérieure de 1793, c'est-à-dire qu'elle est limitée à 10 ans (Sic. Paris D. P. 1878. 2. 137). De plus, l'œuvre posthume doit être imprimée séparément des ouvrages déjà publiés et devenus propriété publique. Toutefois un arrêt de la Cour de Cassation, rendu le 31 mars 1858, à propos des *Mémoires* du duc de Saint-Simon, décide « que la condition de séparation est imposée pour le cas où les écrits publiés et les écrits posthumes sont des ouvrages distincts, et non pas lorsqu'il s'agit d'une œuvre unique formant un seul tout qui ne pourrait être divisé sans grave dommage. » (D. P. 1858. 1. 145). Le même arrêt a encore décidé que les manuscrits déposés aux archives du ministère des affaires étrangères ou des autres établissements publics qui, aux termes du décret du 20 février 1809, sont la propriété de l'Etat et ne peuvent être imprimés ni publiés sans son autorisation, peuvent être considérés comme constituant toujours la propriété d'un particulier, lorsque leur dépôt aux dites archives a été imposé, comme cela avait eu lieu pour les *Mémoires* manuscrits du duc de Saint-Simon, par une mesure de police et en vue d'empêcher une publication inopportune.

Pour les livres d'Eglise, heures et prières, nous avons vu, dans la section précédente, que leur impression ou réimpression est soumise à la permission préalable des évêques diocésains, en vertu du décret du 7 Germinal an XIII. Toute infraction à ce texte de loi constitue le délit de contrefaçon. Des arrêts assez nombreux ont été rendus dans ce sens (Cass., 30 avril 1825, D. P. 1825. 1. 307 ; Paris, 25 novembre 1842, D. P. 1843. 1. 417 ; Cass., 9 juin 1843, D. P. 1843. 1. 416 ; Cass., 5 juin 1847, D. P. 1847. 1. 170 ; Contrà Cass., 28 mai 1836, D. P. 1836. 1. 218).

Les *décisions judiciaires*, aussitôt qu'elles ont été rendues, tombent dans le domaine public et peuvent être imprimées et publiées par tous. Il en est de même des *lois, décrets, règlements et autres documents officiels*, qui ne peuvent être reproduits toutefois qu'après leur promulgation ou première publication (Ordonnance du 12 janvier 1820, art. 3 ; Sic Cass., Req. 15 mai 1878, D. P. 1879, 1. 20). Cet arrêt a été rendu à propos d'un acte officiel émané de l'Administration municipale ; nous en extrayons le considérant suivant : « Attendu que le droit exclusif de reproduction assuré, par l'article 1er de la loi du 19 juin 1793, aux auteurs d'écrits en tout genre, ne s'applique pas aux actes officiels de l'autorité publique, ni aux documents qui leur sont annexés. »

Cela ne veut pas dire cependant que des personnes morales, telles que l'Etat, des communes, ne puissent pas avoir la propriété d'œuvres littéraires. Les auteurs reconnaissent notamment que l'Etat a le droit de poursuivre les contrefaçons du Dictionnaire de l'Académie. Mais le droit de l'Etat doit être limité aux œuvres qui, étant composées et publiées par son ordre, n'ont pas le caractère d'actes officiels ou de documents destinés aux services publics (Cass., suprà cit. ; tribunal Seine, 3 février 1875).

Les *lettres missives*, lorsqu'elles ont été adressées confidentiellement à une personne, ne peuvent être publiées sans le consentement de celui de qui elles émanent, à moins qu'on ait à les faire valoir dans un intérêt judiciaire. Un arrêt de la Cour de Paris, du 10 décembre 1850, a été rendu dans ce sens sous la présidence de M. Troplong, et sur les plaidoiries de Mes Jules Favre, Chaix-d'Est-Ange et Berryer, à propos de 63 lettres de correspondance intime adressées à Mme Récamier par Benjamin Constant, et dont le journal « la Presse » annonçait la publication.

Cette décision judiciaire fait valoir entr'autres considérations qu'une lettre confidentielle n'est pas une propriété pure et simple dans les mains de celui à qui elle a été écrite ; que le secret qu'elle renferme est un dépôt dont ce dernier ne peut seul disposer ; qu'il y a une espèce de pacte implicite entre parties qui s'oppose à la divulgation de pareils écrits ; et qu'il en est ainsi, alors même que l'auteur d'une correspondance d'ordre intime aurait joué un rôle public (D. P. 1851. 2. 1).

Les *dépêches télégraphiques*, une fois publiées, tombent dans le domaine public. La Chambre des Requêtes, par un arrêt du 8 août 1861, l'a ainsi décidé à propos de dépêches transmises à l'Agence Havas par ses correspondants, et que la *Gironde,* journal s'imprimant à Bordeaux, et non abonné à ladite Agence, avait reproduites textuellement après leur publication par une autre feuille abonnée : « Attendu, déclare cet arrêt, que les dépêches télégraphiques portant à la connaissance du public des nouvelles politiques, scientifiques ou littéraires, ne peuvent être considérées comme des œuvres de l'esprit et placées sous la garantie de la loi du 19 juillet 1793 ; attendu que, du moment qu'une nouvelle a été publiée par la voie de la presse, chacun a le droit d'en faire son profit, de la répéter et de la commenter ; que ce droit appartient au journaliste comme à tous les autres.... »

Fau-il comprendre les *journaux* et autres publications périodiques parmi les *écrits* auxquels le décret de 1793 accorde protection ? La question a été tranchée dans le sens de l'affirmative par la Chambre criminelle de la Cour de Cassation, dans un arrêt du 29 octobre 1830. Cette décision se fonde sur les termes généraux du décret précité. Il faut décider toutefois que la poursuite en contrefaçon ne peut être exercée par le plaignant qu'autant que la formalité préable du dépôt, prescrite par le législateur, a été remplie. Nous verrons d'ailleurs que le dépôt effectué par l'imprimeur au Ministère de l'Intérieur ou à la

Préfecture, conformément à l'article 3 de la loi du 29 juillet 1881, de deux exemplaires destinés aux Archives nationales suffit pour autoriser et conserver les droits de l'auteur (Cass. Req. 6 novembre 1872. D. P. 1874. I. 493).

L'article 7 de la convention internationale de Berne du 9 septembre 1886 a consacré le principe de la protection due aux journaux : « Les articles de journaux ou de recueils périodiques, publiés dans un des pays de l'Union, peuvent être reproduits en original dans les autres pays de l'Union, à moins que les auteurs et éditeurs ne l'aient expressément interdit. » (D. P. 1894. 1. 17 — note).

(Voir encore sur cette question Paris, 9 juillet 1839 ; Rouen, 10 décembre 1839 ; Paris, 16 novembre 1893, D. P. 94. 2. 17). Ce dernier arrêt de la Cour de Paris, tout en consacrant implicitement le principe sus-énoncé, qui reconnaît un fait de contrefaçon dans la reproduction d'articles, tranche une question de compétence. Il reconnaît, en effet, la compétence du Tribunal de commerce de la Seine, relativement à une instance, née entre les propriétaires de deux journaux, et ayant uniquement pour base des faits de concurrence déloyale, résultant de la reproduction intégrale d'articles, de la simultanéité des publications, du préjudice causé à l'achalandage et à la clientèle du journal demandeur, alors que les parties reconnaissaient, d'autre part, leur qualité de commerçant et qu'il s'agissait non pas de la poursuite de la contrefaçon, conformément à la loi du 19 juillet 1793 et à l'article 425 du Code pénal, mais seulement d'une demande de dommages-intérêts en vertu de l'article 1382 du Code civil (Voir dans la *Gazette du Palais*, année 1893, 2e semestre, page 608, les conclusions prises dans cette affaire par M. l'avocat général Puech).

D'ailleurs l'usurpation du titre d'un journal constitue, aussi bien que la reproduction non autorisée d'articles, le délit de contrefaçon (Paris, 15 février 1834 ; Tribunal Seine, D. P. 1882. 3. 96 ; Cass., Req., 8 juillet 1869). — C'est en effet grâce à son titre qu'un journal peut être présenté au public, conserver sa notoriété, éviter d'être confondu avec des publications du même genre. Toutefois le dépôt préalable du titre d'un journal fait au Parquet, conformément à la loi du 29 juillet 1881, ne suffit pas à conférer la propriété du titre ; car il faut faire suivre cette formalité de la publication courante et effective. En un mot, il ne faut pas déposer un titre pour ne pas s'en servir (V. notamment Tribunal de commerce de la Seine, 16 mars 1893, *Gazette du Palais*, 1893, 1er semestre, page 419) ; il faudrait décider de même dans le cas d'abandon par un journal ou par une autre publication périodique de son titre primitif.

Ce que nous avons dit de la reproduction des articles d'un journal, nous le répèterions au sujet d'un feuilleton, publié dans un journal ou toute autre feuille périodique. C'est ainsi qu'au bas de presque tous les feuilletons de journaux l'on rencontre cette mention : « Tous droits de traduction et de reproduction réservés. » On applique ici le principe général du droit de propriété littéraire, qu'un mode de publication fractionné et périodique ne saurait altérer.

Mais il faut adopter une théorie contraire en ce

qui concerne des écrits de médiocre importance, tels que renseignements commerciaux insérés dans un agenda, faits divers, annonces, simples nouvelles, pronostics de courses, n'ayant nécessité aucun effort de l'esprit (Tribunal civil de la Seine, 11 avril 1893 ; Cass., Req., D. P. 1885, 1. 285; Aix, 10 février 1866). De pareils écrits tombent, dès leur publication, dans le domaine public. L'arrêt précité de la Cour d'Aix concerne les éléments d'un annuaire.

Discours, sermons, plaidoyers, leçons orales. — Nous arrivons à ces productions de l'intelligence qui se sont simplement manifestées par la parole et que leur auteur n'a pas revêtues ensuite d'une forme matérielle et durable au moyen de l'écriture ou de l'imprimerie. Faut-il, bien que le décret du 19 juillet 1893 n'emploie que l'expression « écrits en tout genre, » ranger ces manifestations de la pensée parmi les œuvres protégées contre les atteintes de la contrefaçon ? L'affirmative a été décidée par un jugement du Tribunal correctionnel de Lyon du 10 juin 1845, confirmé par arrêt de la Cour de Lyon du 17 juillet 1845. De ces jugements nous extrayons les considérations suivantes : « Attendu qu'il est conforme à la pensée, et même aux termes des lois qui ont organisé la propriété littéraire, d'étendre leur garantie à toutes les productions de l'esprit ; que cette pensée, qui ressortait déjà de l'ensemble des dispositions de la loi du 19 juillet 1793, notamment de son article 7 combiné avec l'article 1er, est mise plus clairement encore en relief dans l'article 425 du Code pédal, qui incrimine comme contrefaçon l'édition non autorisée par l'auteur, non seulement des écrits, mais de toute production ; qu'il importe donc peu que le travail intellectuel ait revêtu telle forme plutôt que telle autre, qu'il se soit manifesté par la parole ou par l'écriture ; qu'il importe encore moins qu'un discours ait été écrit ou non avant d'être prononcé ; qu'il serait déraisonnable de fonder des distinctions dans les droits de propriété de l'auteur, sur des procédés particuliers d'élaboration, et sur des différences pratiques dans le travail préparatoire. »

Et comme il s'agissait, dans le cas soumis aux juges, de conférences religieuses faites à Lyon par l'abbé Lacordaire, et reproduites par un éditeur de cette ville, le Tribunal émet, en outre, le considérant suivant : « Attendu que cette violation de la propriété littéraire ne peut trouver son excuse ni dans la nature religieuse de l'œuvre reproduite, ni dans le caractère des fonctions ecclésiastiques de l'auteur... »

Suivent les raisons d'intérêt pécuniaire et moral, qui doivent faire reconnaître à l'auteur le droit exclusif de donner à son œuvre une forme matérielle, de la publier ou d'en céder la propriété. La Cour de Lyon, après avoir consacré les principes exposés ci-dessus, ajoute que l'auteur doit pouvoir « conserver le fruit de son travail, rester juge de l'opportunité de la publication, et se mettre en garde contre une altération dangereuse. » (D. P. 1845. 2. 128).

Nous souscrivons volontiers à cette manière de voir. Il est évident, d'ailleurs, que la protection, reconnue aux discours religieux par ce document de jurisprudence, s'applique, pour les mêmes raisons, aux discours en général, quelle que soit la matière traitée.

Mais doit-on en dire de même concernant les discours prononcés dans les Chambres ? Non ; car de pareilles productions doivent, par leur nature même, tomber dans le domaine public : l'intérêt général commande, comme pour les lois et les règlements dont nous avons parlé plus haut, une large publicité de pareils documents, qui ont un caractère officiel, qui servent habituellement à la bonne interprétation des textes législatifs et qui sont destinés à enrichir le domaine de la politique et de l'histoire. Toutefois la raison d'Etat a fait parfois apporter des restrictions à ce principe de la libre publicité (Voir notamment le décret organique du 31 décembre 1852 et celui du 2 février 1861).

Sauf les restrictions énumérées dans la loi du 29 juillet 1881 sur la presse, et qui ont trait à la défense de publier le compte-rendu de certains débats, les plaidoyers, de même que les décisions judiciaires tombent dans le domaine public. Mais il faut évidemment reconnaître à l'avocat dont on publierait la plaidoirie en la tronquant et la dénaturant dans une intention malveillante, le droit d'actionner en réparation du dommage causé l'auteur d'une pareille publication.

Les *cours*, les *leçons orales* d'un professeur doivent bénéficier de la protection de la loi, car ils sont le plus souvent le résultat de longues études, de recherches laborieuses, et constituent réellement une production de l'intelligence (Paris, 30 juin 1836 et 18 juin 1840 ; Trib. civil Seine 9 déc. 1893. *Gaz.-du-Palais* 1894. 1er semestre, pag. 278).

D'ailleurs, qu'il s'agisse des cours émanés de

professeurs, des discours, susceptibles de propriété privée, ou des sermons, le défaut d'accomplissement de la formalité du dépôt préalable ne saurait mettre obstacle à l'exercice de la poursuite en contrefaçon. Cela se conçoit aisément et ressort d'ailleurs du texte de la loi (Paris 18 juin 1840 ; Lyon 17 juillet 1845. D. P. 1845. 2. 128). Ce dernier arrêt porte notamment ce qui suit : « Attendu que, d'après les termes mêmes de l'article 8 de la loi du 19 juillet 1793, l'obligation du dépôt préalable n'est imposée qu'aux auteurs d'ouvrages imprimés ou gravés ; qu'ainsi le texte de la loi, d'accord avec la nature même des choses, indique que la propriété d'un discours, comme celle d'un manuscrit, se conserve indépendamment de tout dépôt. »

Au surplus, il est bon d'indiquer, comme observation générale s'appliquant non seulement aux écrits proprement dits, mais aux discours, plaidoyers, etc... que le délit de contrefaçon, comme tout autre délit, exige la mauvaise foi, c'est-à-dire l'intention de nuire, de la part de celui qui le commet. (Sic. Crim., Cass., 15 juin 1844 ; Cass., Crim., 13 janv. 1866 ; Paris 6 juin 1883). Dans l'arrêt précité de 1844, le considérant relatif à la question d'intention délictueuse est ainsi conçu : « Attendu qu'étant de principe que la contrefaçon littéraire, à la différence de la contrefaçon industrielle, se constitue non moins par le fait matériel de la reproduction que par l'absence de bonne foi chez ceux qui l'exécutent, il appartenait au Tribunal de rechercher l'existence de ce second élément de la prévention, et, ne l'y rencontrant pas, de renvoyer les prévenus de la plainte. »

Mais l'ignorance de la loi ne saurait, comme la

bonne foi, être invoquée contre l'existence du délit (Cass., Crim., D. P. 1893. 1. 616.)

Pour la même raison, le débit des œuvres contrefaisantes, punissable, de même que la contrefaçon proprement dite, aux termes de l'article 426 du Code pénal, exige également la mauvaise foi chez son auteur.

D'ailleurs le fait lui-même fait présumer l'intention délictueuse du contrefacteur ou du débitant, et c'est à ceux-ci qu'il appartient de prouver leur bonne foi.

Nous avons vu, dans la section I du chapitre précédent, qu'un décret du 28 mars 1852 est venu reconnaître aux étrangers la propriété sur le territoire français de leurs ouvrages d'abord publiés en pays étranger. Avant cette époque, en effet, les étrangers ne pouvaient protéger en France contre la contrefaçon que leurs ouvrages qui avaient été d'abord publiés en France (Cass., Crim., 20 août 1852.) Depuis le décret précité, il faut leur reconnaître le droit de poursuivre la contrefaçon de leurs œuvres, à la condition d'en avoir fait le dépôt préalable prescrit par l'article 6 du décret de 1793.

D'ailleurs, nous avons parlé, dans la section II du chapitre précédent, des droits réciproques dont peuvent bénéficier, en vertu de traités, les auteurs français en pays étranger.

Œuvres artistiques. — En matière de propriété artistique, le fait de reproduire d'une façon absolument identique ou avec de légères dissemblances une œuvre déjà exécutée par un autre artiste constitue le délit de contrefaçon. D'ailleurs il n'est pas défendu de reprendre un sujet déjà traité ou de s'en inspirer. Un arrêt de la Cour de Paris, en date du 16 novembre 1893, fait une application de ces principes à propos de la reproduction de statuettes en bronze : « Considérant que l'artiste est propriétaire de sa conception artistique et de sa composition ; que nul ne peut la copier sans être contrefacteur ; que, sans doute, il appartient à tout autre de s'inspirer de la même idée et de traiter le même sujet, mais sans porter atteinte à ce qui caractérise l'expression particulière et originale que l'artiste a donnée à sa pensée ; qu'en l'espèce, s'il peut y avoir, en raison même de l'identité du sujet traité par Masse et par D..., du nombre restreint de poses qu'il comporte et des usages en matière de duel, des ressemblances dans les dispositions des personnages et l'agencement de leurs vêtements, il n'en est pas moins certain qu'il faudrait, pour qu'il n'y eût pas contrefaçon, que toute confusion fût impossible pour un regard exercé et que l'œuvre de D... ne pût passer aux yeux du public pour une copie de celle de Masse ; considérant en fait que les similitudes les plus saillantes frappent la vue lorque l'on considère la pose, l'attitude, l'habillement, la forme, en un mot *l'aspect d'ensemble* des deux modèles, à tel point qu'il est à première vue difficile de distinguer les statuettes de D... de celle de Masse... » *Gazette du Palais* 1894, 1ᵉʳ semestre, page 24.)

C'est donc dans le fait de reproduire totalement, pour la publier, une œuvre artistique dont on n'a pas eu la conception, ou dans le fait de l'imiter au point de créer une confusion certaine et préjudiciable à son propriétaire, que réside le délit de contrefaçon.

Du reste, il résulte des articles 1 et 7 combinés du décret du 19 juillet 1793, qu'une œuvre d'art quelconque (arg. de ces mots de l'article 7 : toute production de l'esprit ou du génie qui appartient aux beaux-arts), peut être l'objet d'une contrefaçon punissable. C'est aux tribunaux qu'il appartient d'apprécier le caractère artistique de l'œuvre.

Ce qui a été jugé précédemment à propos de la reproduction d'une statuette, l'a été également en ce qui concerne la reproduction d'un tableau, d'une œuvre de sculpture, d'une composition musicale. Peu importe, au surplus, que la substance dont est formée l'œuvre contrefaisante soit différente de celle qui composait l'œuvre originale (Paris 29 juin 1878, D. P. 1880, 2. 71) ; la similitude absolue ou à peu près complète de la forme suffit à engendrer le fait délictueux. Car c'est l'aspect général de l'œuvre et non ses détails intrinsèques qu'il faut considérer. (Voir arrêt précédent et Paris 29 juin 1878. D. P. 1880. 2. 71.)

Il importe peu encore que l'imitation d'un art ait été obtenue par un autre art, par exemple, qu'on ait reproduit l'objet d'un tableau par la sculpture ; même dans ce cas il y aura contrefaçon si l'imitation est susceptible de préjudicier au propriétaire de l'œuvre peinte et gravée. Il a été ainsi jugé que la reproduction d'une statue par la photographie, sans autorisation de l'auteur, constitue le délit de contrefaçon ; cette décision, rendue par le Tribunal civil de la Seine, le 16 avril 1879, porte notamment ce qui suit : « Attendu que la contrefaçon ne consiste pas seulement dans la reproduction de l'objet d'art contrefait soit à l'aide des procédés employés par l'auteur, soit à l'aide de la gravure ou de l'imprimerie ; que les dispositions de la loi du 19 juillet 1793 et de l'article 425 du Code Pénal sont générales et s'appliquent à toute espèce de reproduction faite dans un but de spéculation et à l'aide des moyens que donne la science ; — Attendu, dès lors, que la reproduction d'une œuvre d'art par la photographie constitue une contrefaçon. (D. P. 1880. 3. 31.)

Ce même jugement déclare qu'on ne peut considérer une œuvre artistique comme tombée dans le domaine public par cela seul qu'elle a été placée dans l'intérieur d'une église ou d'un autre monument public.

Dans le même ordre d'idées que nous venons d'indiquer, la reproduction d'un tableau par la chromo-lithographie sur des éventails a pu être considérée comme constituant le délit de contrefaçon (Paris 26 Janvier 1887, D. P. 1888, 2. 309).

On a encore vu un délit de contrefaçon dans le fait de colorier des photographies reproduisant un tableau (Paris D. P. 1892. 2. 38). Ce n'est donc pas seulement le fait de reproduire une œuvre d'art « par l'imprimerie ou la gravure, » conformément aux termes de la loi du 19 juillet 1793, qui est punissable : la jurisprudence a pensé avec raison que les termes ci-dessus employés par le législateur n'étaient pas limitatifs.

De plus, elle a fait entrer dans la catégorie des œuvres d'art tout ce qui peut être considéré comme tel. C'est ainsi que les œuvres de statuaire et de sculpture sont considérées à bon droit comme pouvant constituer une propriété privée.

Un arrêt de la Cour de Paris, du 13 février 1884, va même jusqu'à décider que « la loi du 19 juillet 1793 protège l'auteur de toute œuvre de statuaire, soit qu'elle ait un caractère purement artistique, soit que, comme dans l'industrie de l'imagerie religieuse, elle soit destinée à être reproduite par voie de fabrication industrielle. (D. P. 1884. 2. 232.)

Une décision identique a été rendue par la Cour de Douai le 13 Mai 1891 (D. P. 1892. 2. 182) à propos de sculptures destinées à être reproduites à un grand nombre d'exemplaires et vendues dans le commerce. Cet arrêt constate, en outre, que la formalité du dépôt préalable n'est pas exigée lorsque la contrefaçon porte sur des sculptures (Sic. D. P. 1858. 2. 174).

Mais toute œuvre de sculpture ne saurait être considérée comme une œuvre d'art. Voir dans ce sens un arrêt de la Cour de Dijon du 5 février 1894, dont nous notons les considérants suivants : « Attendu que l'article 1er de la loi du 19 juillet 1793 n'est, il est vrai, qu'énonciatif et s'applique aux œuvres de sculpture comme aux autres productions de l'art ; mais attendu qu'il est essentiel qu'elles aient le caractère d'objets d'art appliqués ou non à l'industrie, et constituent des œuvres originales, nées de la conception personnelle de l'auteur... » (D. P., 1894. 2. 176.)

En sens inverse, toute œuvre d'art à laquelle les tribunaux reconnaissent un caractère artistique est susceptible d'engendrer un droit exclusif de propriété. C'est ainsi que le plan d'une ville, dans l'espèce le plan de la ville de Pau, constitué par une estampe lithographiée, a pu être protégé contre la contrefaçon par un arrêt de la Cour d'appel du 6 décembre 1878 (D. P., 1880. 2. 82). De même des photographies ont pu être considérées comme bénéficiant des dispositions protectrices de la loi du 19 juillet 1793, à la condition par leur auteur d'avoir rempli la formalité préalable du dépôt édictée par l'article 6 de la loi précitée (Cass., 15 janvier 1864, D. P., 1865, 5e partie, page 317. Jugement du Tribunal de commerce de St-Etienne, rendu le 7 juillet 1885, confirmé par arrêt de la Cour de Lyon du 8 juillet 1887, D. P., 1888. 2. 180.)

L'arrêt sus-indiqué déclare, en outre, que « le cliché et les épreuves de portraits obtenus par la photographie demeurent incontestablement la propriété de ceux dont ils reproduisent les traits. » (Voir contrà, Tribunal civil de la Seine, mai .894, *Gazette du Palais* du 12 juillet 1894.)

Les affiches illustrées, faites dans un but industriel et apposées sur les murs d'une ville ou de toute autre localité peuvent, à l'instar d'autres productions, être considérées comme ayant une valeur artistique et comme étant à ce titre la propriété de leur auteur ou de ses ayants droit.

Il en est de même des vignettes gravées dans un but de publicité commerciale (Paris, 25 janvier 1889, D. P., 1890. 2. 243.)

Notons enfin que la critique et la parodie d'œuvres d'art, aussi bien que d'œuvres littéraires, ont été considérées comme du domaine de chacun; et que l'imitation plus ou moins exacte d'une de ces œuvres, particulièrement d'un tableau, faite à titre de critique seulement, a été regardée comme exclusive de contrefaçon (Tribunal civil de la Seine, 12 juin 1879, D. P., 1880. 3. 32).

Œuvres dramatiques et musicales. — Nous avons cru devoir donner, en matière de propriété littéraire et artistique, une place à part aux œuvres dramatiques et musicales, car ces productions, si elles ont, les unes un caractère littéraire, les autres un caractère artistique, présentent ce double point commun qu'elles sont susceptibles d'engendrer à la fois un droit d'édition et un droit de représentation. Or ces deux droits sont distincts et indépendants l'un de l'autre. Par exemple, la cession du droit d'édition ne comprend pas celle du droit de représentation et inversement (D. P. 1879. 2. 51).

En vertu du droit d'édition, l'auteur ou ses ayants-cause peuvent seuls, comme nous venons de le voir, reproduire l'œuvre originale, la vendre ou distribuer. A ce point de vue, les œuvres dramatiques ou musicales sont protégées par les règles que nous venons d'examiner à propos des écrits. Il est donc inutile de revenir sur des explications déjà données. Faisons remarquer toutefois que la reproduction d'une composition musicale, lorsqu'elle se traduit simplement par des copies manuscrites qu'un directeur de théâtre a fait faire pour l'usage exclusif de son théâtre, ne constitue pas une contrefaçon, alors d'ailleurs que le droit de représentation de l'œuvre susdite a été accordé à ce directeur (Paris, D. P. 1879. 2. 54. — Cass., D. P 1893. 1. 144). Mais en sens inverse, la reproduction, même manuscrite, d'une œuvre musicale, lorsqu'elle a été faite dans un intérêt commercial et pour un autre emploi que celui autorisé par son propriétaire, constitue la contrefaçon (Cass , D. P. 1888. 1. 400 ; Besançon, D. P. 1892. 2. 759).

En ce qui concerne la représentation, le droit de l'auteur ou du compositeur n'est pas moins absolu : il consiste à pouvoir donner seul l'autorisation de représenter son œuvre et de tirer de cette représentation un bénéfice pécuniaire que l'on nomme « le droit d'auteur. » D'ailleurs cette autorisation doit être préalable à l'exécution publique de l'œuvre. Suivant ce principe, la Chambre criminelle de la Cour de Cassation, dans un arrêt rendu le 9 août 1872, a notamment fait ressortir que « les œuvres littéraires et musicales ne peuvent, aux termes de l'article 3 de la loi du 19 janvier 1793, être représentées sans le consentement formel et par écrit des auteurs ou de leurs ayants-droit ; que le droit des auteurs consiste non seulement à fixer les conditions de leur consentement à la représentation, mais encore à le refuser péremptoirement s'ils le jugent convenable, et que ce droit disparaîtrait, s'il était possible à un tiers de représenter l'œuvre sans le consentement préalable de l'auteur et même contre son gré, sauf à lui offrir après coup un dédommagement plus ou moins considérable. » (D. P. 1872. 1. 332.)

Mais le mot « représentation » s'entend d'une exécution *publique* de l'œuvre ; son exécution dans un endroit privé, nonobstant le défaut d'autorisation préalable de l'auteur, ne pourrait donner lieu à une poursuite. C'est ainsi qu'on a jugé à propos des œuvres dramatiques (Paris, D. P. 1891. 2. 303). Nous inclinons même à penser que la simple lecture publique d'œuvres dramatiques ne peut, alors même qu'elle serait dommageable à l'auteur, être considérée comme une contrefaçon et donner lieu à des poursuites devant le Tribunal correctionnel (D. P. 1883. 2. 153, note 3).

Pour les œuvres musicales, un arrêt de la Chambre criminelle de la Cour de Cassation, rendu le 22 janvier 1869 (D. P. 1869. 1. 384), décide que le fait de jouer des airs de danse, non tombés dans le domaine public, à l'occasion d'un bal privé, alors même que ce bal a lieu dans une salle d'hôtel louée pour la circonstance, ne constitue pas une infraction à l'article 428 du Code pénal et qu'aucune poursuite ne peut être exercée de ce chef ni contre celui qui a loué la salle ni contre les musiciens. De ce même arrêt ressort la faculté, pour les tribunaux, d'apprécier souverainement, d'après les circonstances, si un lieu offre ou non le caractère de publicité nécessaire à l'existence du délit.

D'ailleurs pour reconnaître si une réunion doit être considérée comme publique ou comme privée, des règles ont été tracées par la jurisprudence (Cass., 7 janvier 1869, D. P. 1869, 1. 113 ; Cass., 3 août 1867. D. P. 1868. 1. 285.)

La Cour de Nancy, par un arrêt du 18 juin 1870, est allée jusqu'à décider qu'un bal peut être particulier, quoiqu'organisé dans les salons d'un Hôtel de Ville, et que la commune qui a prêté gracieusement les salons de cet édifice aux organisateurs du bal ne saurait être, non plus que ces derniers, poursuivie en contrefaçon à propos d'airs de danse exécutés sans le consentement des auteurs (D. P. 72. 2. 73.) Mais à l'inverse, dès qu'une œuvre musicale, non tombée dans le domaine public, est exécutée *publiquement*, sans le consentement des auteurs ou de leurs ayants-droit, ceux-ci peuvent se prévaloir des articles 3 de la loi du 19 janvier 1791 et 428 du Code pénal pour exercer des poursuites soit contre les musiciens ou les organisateurs de la réunion, soit, pour complicité, contre le propriétaire du local où l'infraction a été commise. Le délit ne saurait d'ailleurs être effacé par cette circonstance que la représentation a été gratuite ou n'a pas eu lieu sur un théâtre (Cass., 28 janvier 1881, D. P. 1881, 1. 329.) On peut rapprocher de cet arrêt une espèce intéressante contenue dans un autre arrêt de la Chambre criminelle de la Cour de Cassation, rendu le 21 juillet 1881 (Affaire Rougé, dit Hervé, C. Huguet ; Bulletin 1881, n° 182.)

Le fait même par des chanteurs ambulants d'exécuter dans un café, avec le gré du propriétaire de cet établissement, mais sans le consentement préalable des auteurs, des compositions musicales n'appartenant pas au domaine public, a pu être déclaré punissable selon les termes de l'article 428 du Code pénal (4 février 1881, Cass., D. P. 1881. 1. 330). Mais le cafetier qui s'est borné à donner l'autorisation qui lui était fortuitement demandée par ces chanteurs ambulants ne peut être déclaré responsable de l'exécution faite par ceux-ci de morceaux de musique ou de chansonnettes qu'il n'a pas choisis lui-même, alors qu'il n'a d'ailleurs exigé, à propos de cette représentation, aucun supplément de prix de la part des consommateurs. En sens inverse, le cafetier qui a annoncé à l'avance, par voie d'affiche, la représentation donnée dans son établissement, et avec son autorisation, par des chanteurs ambulants, qui connaît au surplus le programme des morceaux de musique qui seront exécutés par ces derniers, et qui a reçu défense de la part des auteurs de les laisser exécuter, est manifestement responsable du délit de contrefaçon. (Cass., 22 janvier 1869, D. P. 1869, 1. 384.)

On le voit, la jurisprudence se montre rigoureuse dès qu'une exécution d'une composition musicale a lieu publiquement sans l'autorisation préalable de l'auteur, qu'il s'agisse d'ailleurs d'un chef-d'œuvre musical ou d'une simple chansonnette. Il en est ainsi *a fortiori* lorsque l'autorisation demandée à l'auteur a été expressément refusée par lui (Crim., Cass., D. P. 1872. 1. 332). Peu importe, au surplus, la nature du lieu dont la publicité a été reconnue manifeste ; qu'il s'agisse d'un cercle, d'un café, d'un concert, d'un bal, d'un théâtre, d'un hippodrome, d'une place publique, voire même d'un théâtre forain, l'infraction est la même (Cass., Crim. D. P. 1882, 1. 325 ; Cass. 22 janvier 1869, suprà cit. ; Paris, D. P. 1877, 2. 128 ; Dijon, D. P. 1872, 2. 160 ; Nancy, D. P. 1872, 2. 78 ; Cass. Req. D. P. 1872, 1. 253 ; Orléans, D. P. 1873, 1. 254 ; Rennes, D. P. 1893, 2. 268 ; Paris, 12 juillet 1855, D. P. 1855, 2. 256 ; Rouen, 1880, D. P. 2. 70 ; Besançon, 13 juin 1894).

Ce que nous avons dit des cafés s'applique, à plus forte raison, aux cafés-concerts, qui sont assimilés par la jurisprudence à des théâtres au point de vue des faits de contrefaçon (Crim., rej., 24 juin 1852, D. P. 1852, 1. 221 ; Toulouse, 17 nov. 1872, D. P. 1873, 2. 128).

L'exécution publique, et sans le consentement de l'auteur, d'une composition musicale appartenant au domaine privé, a pu être considérée comme une infraction à l'article 428 du Code pénal, même lorsqu'elle s'est produite dans un manège de chevaux de bois (Crim., Cass., 21 juillet 1881, D. P. 1881, 1. 391).

Mais quel que soit le lieu où le fait de reproduction de l'œuvre musicale ou dramatique s'est produit, il faut décider que l'existence de la mauvaise foi est nécessaire pour constituer le délit (Cass., 9 mai 1891). C'est d'ailleurs au délinquant qu'il appartient de faire la preuve de sa bonne foi, car la mauvaise foi se présume (Rennes, D. P. 1892, 2. 182).

La Cour de Rennes dans l'arrêt du 9 février 1892, ci-dessus mentionné, trace quelques règles qui peuvent servir à faire reconnaître l'intention délictueuse : « Attendu, porte cet arrêt, que les faits reprochés au sieur Mottin, étant un délit, il est nécessaire que le prévenu ait agi de mauvaise foi, mais qu'en pareille matière, il n'est pas indispensable, pour exclure la bonne foi, que le prévenu ait agi avec une intention directement mauvaise, avec l'idée arrêtée de nuire à autrui ; qu'il suffit, de sa part, d'une négligence grave, d'une indifférence fâcheuse pour le respect des droits d'autrui, tels que la loi les consacre ; qu'il ne peut se dire de bonne foi que s'il a eu des motifs sérieux et fondés de considérer ses agissements comme légitimes et comme accomplis sans violation d'une loi. »

De plus l'ignorance de la loi ne saurait, comme nous l'avons dit précédemment pour les écrits proprement dits, être invoquée en matière de contrefaçon artistique. (Cass., Crim. D P. 1893. 1. 616 ; voir encore Cass., 23 juin 1893 ; Trib. civil Seine 7 juillet 1893.)

Inutile d'ailleurs d'ajouter que l'observation que nous venons de faire relativement à la bonne loi est générale, qu'elle ne s'applique donc pas seulement à la contrefaçon d'une composition musicale, mais à celle d'une œuvre d'art quelconque.

Exploitation pécuniaire de l'œuvre : Cession, contrat d'édition, collaboration. — On donne souvent la dénomination de « droit d'auteur » à la part de bénéfices pécuniaires que retire l'auteur de l'exploitation de ses œuvres ; car le plus ordinairement l'auteur ou le compositeur se sert d'un intermédiaire pour la publication ou la représentation de son œuvre, à moins qu'il ne cède celle-ci entièrement moyennant un prix payé une fois pour toutes.

Si l'auteur gardant la propriété ne confie ou ne permet à un tiers que la publication ou la représentation, les bénéfices pécuniaires qui peuvent en résulter reviennent pour partie à l'auteur, pour partie à l'intermédiaire employé par lui. Le législateur s'est-il préoccupé de régler la part devant revenir à chacun de ces deux bénéficiaires ? Nullement ; il a pensé avec raison qu'un pareil règlement devait être laissé à la libre initiative des parties et résulter de leurs conventions librement débattues.

Toutefois, en réglant l'organisation du Théâtre Français, le législateur a cru pouvoir, dans un but de protection pour les auteurs, fixer la part de bénéfices leur revenant, à défaut de conventions particulières, pour les représentations de leurs œuvres sur ce théâtre.

L'article 72 du décret du 15 octobre 1812 décidait que « la part d'auteur dans le produit des recettes, le tiers prélevé pour les frais, est du huitième pour une pièce en cinq ou quatre actes, du douzième pour une pièce en trois actes, et du seizième pour une pièce en un et deux actes. » Un décret du 19 novembre 1859 est venu modifier cet article, en fixant la part d'auteur dans le produit brut des recettes à 15 p. 100 par soirée à répartir entre les ouvrages, tant anciens que modernes, faisant partie de la composition du spectacle, et en prenant pour base de la répartition le nombre des actes de chaque pièce. Cette modification est complétée comme il suit : « Cependant les auteurs et les comédiens pourront faire toute autre convention de gré à gré, à la condition de ne pas réduire les droits d'auteur fixés dans le tableau ci-dessus. » A noter également un décret du 10 décembre 1860 concernant la rétribution accordée aux auteurs d'opéras.

Mais, nous le répétons, il ne s'agit là que d'une légère dérogation applicable à une classe particulière d'ouvrages, et en vue de représentations sur un théâtre déterminé.

Dans la pratique, les auteurs ont presque toujours recours, pour l'exploitation pécuniaire de leurs œuvres, à des traités d'édition, de représentation, de cession, dont nous allons parler très brièvement.

Par le contrat d'édition, l'auteur confie à un libraire ou à un imprimeur, qui prend le nom d'éditeur, le soin d'imprimer son œuvre et de la publier.

Habituellement on fixe à l'avance le nombre des exemplaires qui doivent être imprimés et publiés à la fois, ce qui constitue une édition, et l'auteur se réserve une certaine somme sur chacun d'eux, au fur et à mesure de la vente. Ou bien encore l'auteur cède à un éditeur, moyennant un prix déterminé à l'avance, une ou plusieurs éditions de son ouvrage. Mais quelle que soit la combinaison employée, le contrat d'édition diffère du contrat de cession proprement dit, en ce que l'auteur n'aliène pas la propriété de son œuvre, mais a simplement recours pour sa publication à l'intervention vénale de son co-contractant.

L'auteur qui fait une pareille convention prend ordinairement en considération l'habileté, le bon renom, la solvabilité et l'honnêteté de l'éditeur. C'est pourquoi on a jugé pendant longtemps qu'un pareil contrat était personnel, et que le décès de l'éditeur, nonobstant la survivance d'héritiers ou d'autres ayants-droit, était une cause de dissolution de la convention. (Tribunal civil de la Seine, 12 mars 1834.) La jurisprudence semble aujourd'hui, d'accord avec la doctrine, admettre que le contrat d'édition n'est pas toujours consenti *intuitu personæ* et que la réputation commerciale de la librairie à laquelle s'est adressé l'auteur doit être surtout prise en considération pour la continuation du contrat, lequel ne pourrait, en principe, être résolu, après la disparition de l'éditeur contractant, si l'auteur ne prouve le fondement des craintes qu'il invoque. Ce n'est donc que dans certains cas, déterminés par les circonstances et les stipulations particulières, qu'il conviendrait de subordonner le maintien du contrat à la personnalité privée des contractants. C'est ainsi qu'un arrêt de la Cour de Paris du 20 avril 1894 (D. P. 1894. 2. 241), décide que le contrat d'édition, contenant une stipulation de publication de compte à demi entre l'auteur et l'éditeur, doit être considéré comme ayant été formé *intuitu personæ*.

D'ailleurs le contrat d'édition n'est pas soumis, pour sa constatation, à des formes particulières : sa preuve peut notamment résulter d'une simple lettre (Paris 9 août 1871). Il en est de même, comme nous le verrons bientôt, pour le contrat de cession.

Que décider dans le cas où l'auteur qui a cédé une première édition de son ouvrage s'aviserait d'en faire publier une deuxième par un autre intermédiaire ?

La Cour de Cassation a répondu à cette question par le considérant suivant d'un arrêt du 22 février 1847 : « Attendu que lorsqu'un auteur a vendu la propriété exclusive d'une édition de son ouvrage, et lorsque les parties n'ont déterminé aucun délai après lequel, soit que cette édition ait été épuisée, soit qu'elle ne l'ait pas été, une nouvelle édition pourra être publiée, il demeurera interdit à l'auteur de porter, par une nouvelle publication de son ouvrage, préjudice au débit de l'édition par lui antérieurement aliénée. » (D. P. 1847, 1. 83 ; Cass., 23 novembre 1892 et 19 décembre 1893.)

Le droit acquis par l'éditeur de publier les œuvres d'un auteur est limité ordinairement par la convention à une ou plusieurs éditions. Toutefois, si l'auteur concédait le droit de publier un de ses livres sous la seule réserve de ses droits pour les éditions d'œuvres complètes, il faudrait entendre cette clause en ce sens que l'éditeur aurait le droit de publier un nombre illimité d'éditions et d'exemplaires.

Le droit acquis par un éditeur de publier une

œuvre illustrée ne comporte pas celui de publier une œuvre sans gravure. (Paris, D. P. 1872. 2. 65.)

Il ne peut non plus remplacer une édition sans gravures par une édition illustrée, et encore moins publier une édition en altérant l'œuvre originale, sans le consentement de l'auteur (D. P. 1860. 3. 16).

L'éditeur n'a pas davantage le droit de faire des retranchements à l'œuvre qu'il a reçu la mission de publier (D. P. 1845. 1. 30), ni changer le nom de l'auteur (Tribunal de commerce de la Seine, 14 octobre 1838).

Les contrats relatifs à la représentation des œuvres dramatiques ou musicales renferment des clauses librement débattues entre les parties, sauf le minimum des droits d'auteur, fixé, comme nous venons de le voir, par le décret de 1859, à propos du Théâtre Français. D'ailleurs les règles des contrats d'édition ou celles plus générales des contrats de cession, que nous allons examiner très rapidement, leur sont également applicables. C'est ainsi que l'entrepreneur de spectacle qui a acquis de l'auteur le droit de donner un nombre fixé à l'avance de représentations, ne peut dépasser le chiffre convenu, et réciproquement l'auteur ne peut faire représenter son œuvre par un autre entrepreneur avant l'épuisement des représentations que doit donner le premier. Décider différemment, en l'absence de conventions contraires des parties, serait autoriser une concurrence déloyale.

L'entrepreneur de spectacle ne peut changer, sans le consentement de l'auteur, le nom de celui-ci, altérer son œuvre, lui faire subir des retranchements ou des additions, etc...

Si l'œuvre à représenter a été faite par des collaborateurs, que l'un ait, par exemple, écrit le livret, s'il s'agit d'un opéra, et l'autre la musique, chacun d'eux a le droit de s'opposer à la représentation de l'opéra, sauf à être condamné envers l'autre à des dommages-intérêts si son refus est injustifié (Paris, 19 août 1872.)

Il en est ainsi qu'elle que soit l'importance de l'œuvre. Mais celle-ci doit être réellement le résultat d'une collaboration sérieuse et d'une inspiration commune, ce qui n'aurait pas lieu notamment si l'œuvre d'un collaborateur ne formait pas corps avec l'œuvre principale et pouvait, sans inconvénient, en être détachée. (Cass., 4 février 1881, D. P. 1881. 1. 331 ; Tribunal civil de la Seine, 27 février 1894.)

Le contrat de *cession* proprement dit est celui par lequel l'auteur, le compositeur ou l'artiste cèdent à une personne la propriété entière et définitive de leurs œuvres moyennant un prix convenu. Le plus ordinairement le cédant se dépouille pour l'avenir par une pareille convention de tout droit relatif à l'exploitation pécuniaire de l'objet cédé.

Les articles 1 et 7 combinés de la loi du 24 juillet 1793 et 40 du décret du 5 février 1810 proclament la légitimité de la cession de toute œuvre littéraire ou artistique.

On ne s'expliquerait pas d'ailleurs pourquoi il serait interdit de céder la propriété littéraire ou artistique à la différence de la propriété ordinaire.

Généralement, nous l'avons déjà fait observer, qui dit cession dit abandon du droit sans aucune réserve : dès lors le cessionnaire a, non plus comme précédemment, le droit de tirer une ou plusieurs éditions dont il partagera les bénéfices pécuniaires avec l'auteur, mais le droit de publier, de vendre, de distribuer un nombre illimité d'exemplaires et d'en recueillir seul tout le bénéfice moyennant un prix convenu et une fois payé, ou plus rarement moyennant une certaine somme payable par exemplaire vendu jusqu'au moment où l'œuvre tombe dans le domaine public. (Cass., 29 déc. 1880.)

Quelle sera la durée d'une pareille cession ?

Evidemment elle variera selon les circonstances.

Elle comprendra non seulement les droits de l'auteur mais ceux de ses héritiers ou autres ayants-droit ; or la durée du droit de ces derniers étant fixée à cinquante ans à partir du décès de l'auteur, c'est l'arrivée plus ou moins prompte de ce dernier évènement qui, en cas de cession faite par l'auteur lui-même, augmentera ou réduira la durée totale du droit acquis par le cessionnaire.

Si la cession est faite après la mort de l'auteur, par sa veuve ou par l'un de ses ayants-droit, la propriété ne sera concédée que pour la période de cinquante ans sus-énoncée, qui forme dans ce cas le maximum de sa durée, ou pour une fraction de cette période.

Nous savons, au surplus, que le dernier alinéa de l'article 1er de la loi du 19 juillet 1866 assure le respect des droits des créanciers et des traités de cession, alors même que la succession de l'auteur serait, en l'absence d'héritiers ou autres successeurs irréguliers, dévolue à l'Etat.

Nous avons fait déjà observer que la loi précitée avait réalisé, dans le cas spécial que nous envisageons, un énorme progrès en rendant beaucoup plus stable la durée des traités de cession qui, sous les lois antérieures, comportait, selon la qualité des héritiers, un aléa considérable. Il faut décider toutefois que la loi n'ayant pas d'effet rétroactif, son bénéfice ne s'étend pas aux conventions consenties antérieurement à sa promulgation. C'est ainsi qu'il a été jugé que la durée du droit du cessionnaire d'une œuvre artistique se mesure sur la durée du droit appartenant à ce dernier ou à ses héritiers, telle que la fixait la législation existant à l'époque de la cession. (Cass., Crim., D. P. 1875, 1. 334; Idem 1876, 1. 409; V. aussi 1876, D. P. 2. 127.)

Le contrat de cession n'est soumis, quant à sa forme, à aucune règle particulière. Il peut résulter notamment d'une simple lettre (Douai, 8 août 1865; Paris, 9 août 1871) et même de simples conventions verbales. (Cass., Crim D. P. 1870. 1. 186.)

C'est d'ailleurs à l'éditeur cessionnaire de prouver son droit exclusif. (Tal civil Seine, 4 déc. 1863.)

Celui à qui a été cédée l'entière propriété d'un ouvrage a les mêmes droits que le propriétaire originaire en ce qui concerne la reproduction, la vente, la distribution, etc. Ainsi la cession d'une œuvre de littérature, faite sans aucune réserve et indépendamment d'une clause relative à la forme des exemplaires à publier, a pu être considérée comme donnant au cessionnaire le droit d'éditer soit une édition de luxe, soit une édition populaire. (Tal civil Seine, 9 février 1870, D. P. 1870. 3. 31.)

D'ailleurs, il va de soi que les observations précédemment faites à propos du contrat d'édition et ayant trait à la conservation de l'œuvre originale s'appliquent au contrat de cession et que le cessionnaire ne pourrait notamment, de son propre gré, altérer l'œuvre originaire, en retrancher des passages, y supprimer le nom de l'auteur. Car il pourrait en résulter pour le cédant, sinon un dommage matériel, du moins un préjudice moral, une atteinte à la réputation.

Est-il besoin de faire remarquer, en passant, que la vente d'une œuvre littéraire n'emporte pas, en principe, celle du manuscrit proprement dit ? (D. P. 1878. 2. 137.)

Nous avons dit que la cession comportait généralement l'aliénation sans réserve de la propriété de l'œuvre. Il s'ensuit que le cédant n'a plus le droit de publier son œuvre et de la mettre en vente, au mépris de la convention par lui consentie, sous peine d'être poursuivi en contrefaçon par le cessionnaire.

Toutefois il peut arriver, quoique rarement, que le cédant aliène un livre en faisant certaines réserves, notamment celle de conserver ses droits pour les éditions de ses œuvres complètes ; une pareille clause doit être respectée, mais ne nuit pas toutefois à la pleine propriété de l'auteur en ce qui concerne le livre spécialement cédé. La Cour de Paris, par un arrêt du 9 août 1871 (D. P. 1872. 2. 165), l'a ainsi jugé à propos de la cession faite par la veuve de Balzac des « Contes drolatiques » de Balzac, sous la seule réserve de ses droits pour les éditions d'œuvres complètes.

La cession sans réserve d'une œuvre d'art, telle qu'un tableau, une statue, comporte le droit de reproduction, soit par la gravure, soit par le moulage, soit par tout autre procédé. La Cour de Cassation, Chambres réunies, a jugé dans ce sens, le 27 mai 1842, en faisant l'application à notre espèce des principes généraux de la vente qui transmet à l'acquéreur « la pleine et absolue propriété de la chose vendue avec tous ses accessoires, avec tous les droits et avantages qui s'y rattachent ou en dépendent. » — Cette manière de voir, qui nous paraît très rationnelle, a été cependant combattue vivement par la doctrine qui cherchait à établir une distinction entre le droit de propriété proprement dit et le droit de reproduction.

Il faudrait, toutefois, en présence d'une clause de la cession fixant le mode de reproduction d'une œuvre artistique, décider que le cessionnaire ne peut employer que le mode concédé. C'est ce qui a été décidé à propos de la cession faite sans réserve du droit de reproduire un tableau par la gravure. (Paris 18 août 1879, D. P. 1881. 2. 61). Mais il ne s'agit là, évidemment, que du respect dû à une convention particulière.

Le cessionnaire d'une œuvre artistique peut-il invoquer en sa faveur le bénéfice d'une loi qui, postérieurement à la convention, est venue étendre, quant à sa durée, le droit des héritiers de l'auteur? Un arrêt de Cassation du 20 février 1882 (D. P. 1882. 1. 465), a tranché la question dans le sens de la négative.

Nous avons vu que l'éditeur, cessionnaire d'une œuvre littéraire, ne peut supprimer ou changer le nom de l'auteur.

De même, il est interdit à tout acquéreur d'un objet d'art, par exemple, d'un tableau, qui porte la signature de son auteur, de l'exposer ou de le mettre en vente en supprimant ou changeant la signature de l'artiste créateur (Paris, 14 janvier 1885, D. P. 1886. 2.22). — La même décision a été rendue à propos d'une planche gravée, portant le nom de son auteur (Paris, 25 janvier 1889).

D'ailleurs, on vient de reprendre l'examen d'un projet de loi, déposé sur le bureau du Sénat le 24 novembre 1885, déjà adopté par cette assemblée, et qui a fait l'objet d'un rapport dans la séance du 29 juin 1894 à la Chambre des Députés ; ce projet, qui tend à punir les délits d'usurpation de noms et de fausses signatures qui se produisent sur un objet d'art, destiné à être mis en vente (V. *Journal officiel* des 30 et 31 juillet 1894), complèterait, s'il était définitivement voté, la législation antérieure, tout en confirmant la jurisprudence que nous venons d'indiquer.

Le cessionnaire d'une œuvre artistique ne peut non plus l'exposer publiquement ou la vendre après l'avoir altérée ou modifiée, car il pourrait en résulter un préjudice moral pour le cédant.

Notons en terminant que l'auteur d'un ouvrage écrit en collaboration peut publier cette œuvre sans le consentement de son collaborateur et bénéficier seul du gain pécuniaire de cette publication, si le collaborateur n'offre pas de participer aux frais d'impression et de publication (arrêt du 1er déc. 1876. D. P. 1878. 2. 74) Mais, pour pouvoir le céder, le consentement de son collaborateur lui serait nécessaire.

C'est là une différence avec la représentation des œuvres musicales, telles qu'un opéra, qui, lorsqu'elles sont faites en collaboration, ne peuvent être, comme nous l'avons noté plus haut, représentées avec la seule autorisation d'un des collaborateurs. (Tal civil Seine, 19 août 1872.)

Ajoutons, à propos des ouvrages composés en collaboration, que le droit des éditeurs cessionnaires dure aussi longtemps que celui du collaborateur dont la propriété littéraire a la plus longue durée. (T[al] civil Seine, 27 février 1894, *Gazette du Palais*, année 1894, 1er semestre, page 574.)

Un jugement du Tribunal de la Seine confirmé par la Cour de Paris, le 18 mai 1877, considère comme des fruits les bénéfices pécuniaires résultant d'une exploitation littéraire et partant de ce principe, attribue au mari, à l'exclusion de la femme, les sommes provenant, pendant le mariage, d'œuvres composées par lui en collaboration avec sa femme. Cette même décision assimile le contrat d'édition à un bail. (D. P. 1880. 2. 64.) Inversement, en cas de mariage contracté sous le régime de la communauté légale, on a considéré les produits de l'exploitation pécuniaire d'une œuvre littéraire comme devant tomber, à titre de valeurs mobilières, dans l'actif de la communauté (Paris, 13 mars 1880, D. P. 1880. 2. 169).

Ces produits de l'exploitation pécuniaire des œuvres littéraires ou artistiques, qu'on les considère comme fruits ou comme valeurs mobilières, n'ont pas été jusqu'à ce jour atteints par l'impôt. La Commission du budget de la Chambre des députés a agité, au cours de la législature de 1894, la question de savoir s'il ne conviendrait pas de les soumettre à une imposition particulière. Un projet de loi a même été, croyons-nous, déposé dans ce sens. Notre avis est qu'un pareil impôt aurait un caractère quelque peu vexatoire, tant qu'on n'aura pas admis et fait passer dans nos lois le principe de la perpétuité de la propriété des auteurs.

Il convient de citer ici l'existence de sociétés qui sont en quelque sorte chargées de gérer les intérêts des auteurs, compositeurs ou artistes qui leur donnent leur adhésion et qui portent le nom de « Société des gens de lettres », de « Société des auteurs dramatiques », de « Société des auteurs, compositeurs et éditeurs de musique », selon la nature du but poursuivi.

Le fait d'adhérer à l'une de ces Sociétés ne crée d'ailleurs entre elle et l'adhérent qu'un lien de mandant à mandataire. C'est en vertu de ce mandat que la Société perçoit, au profit de chacun des associés ou de ses ayants-droit, les droits d'auteur, qu'elle autorise même la reproduction de leurs œuvres; mais elle n'est pas investie pour cela du droit de reproduction, dont l'auteur continue à être le vrai titulaire. (Cass., 6 août 1873, D. P. 1873. 1. 406.)

Nous n'entrerons pas d'ailleurs dans le détail des statuts qui gouvernent d'habitude les Sociétés de ce genre.

A propos des pouvoirs conférés à la Société des auteurs, compositeurs et éditeurs de musique, nous croyons intéressant et utile de relater une convention conclue entre cette Société et les Sociétés orphéoniques (chorales, fanfares, harmonies), convention relative à l'exécution publique des œuvres musicales.

C'est à la suite d'une proposition de loi, due à l'initiative de M. Gaillard, député de l'Oise, et qui menaçait de porter une grave atteinte à la propriété intellectuelle, qu'intervint un accord entre le Syndicat de la Société des auteurs, compositeurs et éditeurs de musique et une commission extra-parlementaire, réunie par les soins du Ministre de l'Instruction publique ; grâce à cet accord, très avantageux pour les Sociétés chorales et instrumentales des départements, celles-ci ne seront assujetties, d'après les traités qu'elles pourront passer à partir du 15 mai 1894, qu'au paiement d'une redevance annuelle, à titre de droits d'auteurs, de un franc par Société, pour toutes leurs auditions publiques et gratuites, c'est-à-dire ne donnant lieu à aucune recette *directe ou indirecte*.

Nous n'insisterons pas sur cette convention, qui a fait l'objet d'une circulaire ministérielle du 21 mai 1894 et qui nous paraît provenir d'un libéralisme peut-être excessif de la part de la Société des compositeurs de musique.

Nous ferons néanmoins observer que ces mots « recette directe ou indirecte », employés dans les traités précités, peuvent, outre qu'ils sont de nature à rendre difficile, dans la pratique, la perception des droits d'auteur, être la source d'interprétation divergentes et ouvrir, dans l'avenir, la porte à de nombreux procès. D'ailleurs, cette question pourrait faire l'objet d'une notice spéciale, que peut-être nous lui consacrerons plus tard.

Poursuite en contrefaçon. — Il nous reste à esquisser, en terminant ce chapitre, les règles relatives à la poursuite des contrefacteurs.

Nous avons précédemment indiqué les éléments constitutifs du délit qui nous occupe, qu'il soit relatif à une œuvre littéraire ou à une œuvre artistique, et que l'auteur lésé soit un français ou un étranger.

A qui appartient maintenant le droit de poursuivre? Incontestablement à l'auteur tant qu'il conserve la propriété de son œuvre; puis, à ses héritiers (Paris 1885 D. P. 2. 219), et autres ayants-droit, notamment au cessionnaire. C'est d'ailleurs ce dernier qui se trouve seul investi, lorsque la cession a eu lieu sans réserve, du droit d'exercer les poursuites en contrefaçon. (Paris 6 avril 1850, D. P. 1852. 2 159.)

Il pourrait même poursuivre en contrefaçon l'auteur lui-même, auquel il est désormais substitué, si ce dernier usait à son détriment du droit de reproduction dont il s'est dépouillé. (Paris, *Gazette du Palais*, année 1894, page 111.) Toutefois on n'appliquerait évidemment pas cette décision à l'auteur d'une œuvre qui, l'ayant vendue, s'en est réservé la reproduction. Il faudrait même reconnaître à cet auteur le droit d'agir en contrefaçon concurremment avec son cessionnaire.

Un arrêt de la Cour de Paris du 29 juin 1878 a ainsi jugé à propos d'une œuvre d'art. On ne saurait, au surplus, reconnaître le droit d'agir en contrefaçon à celui qui, n'étant pas cessionnaire, a reçu du propriétaire l'autorisation, à titre purement gracieux, de reproduire l'œuvre (Paris, 11 mai 1886, D P. 1886. 2. 287.) Car c'est l'intérêt personnel qui est la mesure des actions.

Comme il s'agit d'un délit, on reconnaît également au ministère public le droit de poursuivre d'office (Cass., 7 prairial an XI ; Tribunal de la Seine, 18 novembre 1851). Mais si le ministère public est compétent pour demander la répression, il ne l'est pas en vertu de la maxime : « nul en France ne plaide par procureur, » pour exercer d'office l'action en indemnité qui résulte, au profit de la partie lésée, des dispositions de l'article 429 du Code pénal ; car il s'agit là d'un intérêt purement privé.

Il faut encore reconnaître le droit d'intenter la

poursuite en contrefaçon aux sociétés civiles dont nous venons de dire quelques mots et qui ont reçu mandat, conformément à leurs statuts, d'exercer toutes actions en justice au nom de leurs adhérents. Mais comme de pareilles sociétés, qui ne sont pas reconnues d'utilité publique, ne peuvent ester en justice, c'est à un administrateur, à un délégué de la Société qu'on confie dans la pratique le soin de soutenir le procès (Paris, 2 août 1872. D. P. 1872. 2. 227; et, notamment, Douai 11 juillet 1882, D. P. 1883. 2. 153).

Lorsqu'une œuvre est le résultat de la collaboration de deux ou plusieurs auteurs, il faut reconnaître à chacun d'eux le droit d'agir en contrefaçon, et aussi, comme nous l'avons vu plus haut, le droit de reproduire seul l'ouvrage sans le consentement des autres collaborateurs, si ceux-ci n'offrent pas de participer aux frais de publication.

On a même décidé que le principal auteur d'un ouvrage collectif, composé de morceaux écrits et signés par un certain nombre de collaborateurs, peut, sans l'autorisation de ceux-ci, reproduire tout ou partie de cet ouvrage (Paris, 6 juin 1883, D. P. 1885. 2. 221).

Donc la justification d'un intérêt personnel est la première condition pour pouvoir intenter l'action en contrefaçon. La deuxième, dont nous avons déjà parlé, consiste dans l'accomplissement préalable de la formalité du dépôt, prescrit par l'article 6 du décret du 19 juillet 1793. Cette formalité est indispensable pour les écrits en général.

Des décisions nombreuses de la jurisprudence, il résulte que le dépôt de deux exemplaires à la

Bibliothèque nationale, ordonné par l'article ci-dessus mentionné, pouvait être suppléé, sous l'empire de la loi du 21 octobre 1841, par le dépôt effectué par l'imprimeur de l'écrit, conformément à l'article 14 de cette loi ; car l'imprimeur était considéré comme étant l'intermédiaire de l'auteur. (Cass., 1er mars 1834; Cass. Req. 6 novembre 1872. D. P. 1874. 1. 493.) D'ailleurs l'existence du dépôt préalable peut, d'après ce deuxième arrêt, être établie par tous les moyens de preuve. Aujourd'hui la jurisprudence n'a pas varié ; mais il convient de se référer, concernant le dépôt à effectuer par l'imprimeur, aux articles 3 et 4 de la loi du 29 juillet 1881 qui est actuellement en vigueur, celle du 21 octobre 1814 ayant été abolie.

L'exercice de la poursuite en contrefaçon n'est pas subordonné à l'accomplissement préalable du dépôt lorsqu'il s'agit de la représentation d'ouvrages dramatiques ou de compositions musicales (Cass., 24 juin 1852, D. P. 1852. 1. 221.) Mais ce dépôt est toujours exigé l'orsqu'il s'agit de l'impression.

Les œuvres de sculpture sont dispensées du dépôt (Loi du 19 juillet 1793, articles 6 et 7 ; art. 427 du C. Pén. ; Douai D. P. 1852. 2. 144; Metz, 5 mai 1858, D. P. 1858. 2. 174; Douai 1892 D. P. 2. 182.)

L'article 6 du décret de 1793 n'exigeant le dépôt que par les ouvrages imprimés ou gravés, il faut également excepter de cette formalité les ouvrages de peinture qui, d'ailleurs par leur nature, ne se prêtent pas à l'accomplissement du dépôt.

Il faut encore, pour pouvoir intenter l'action, que le fait délictueux de contrefaçon ne soit pas couvert par la prescription. Comme il s'agit d'un délit, c'est la prescription de trois ans qui est applicable, conformément au droit commun (art. 638, Code d'instruction criminelle.) Elle court, selon les cas, ou du dernier acte de publication ou du jour du dernier acte de débit de l'œuvre contrefaite.

Ajoutons enfin que, conformément à l'article 3 du décret du 19 juillet 1793 et à l'article unique du décret du 25 prairial an III, on doit joindre à l'appui de la poursuite, dont le tribunal est saisi, le procès-verbal de saisie des œuvres contrefaites. C'est aux commissaires de police et aux juges de paix qu'incombe le soin de faire cette saisie et d'opérer, dans ce but, les perquisitions nécessaires, sur la réquisition du poursuivant.

Quant à la juridiction compétente, c'est évidemment, puisqu'il s'agit d'un délit prévu et réprimé par les articles 425 à 429 du Code pénal, celle de droit commun, c'est-à-dire le Tribunal correctionnel.

Concernant l'action répressive de ce tribunal, notons que la confiscation des objets contrefaits, édictée par le Code pénal, doit être prononcée même contre des détenteurs de bonne foi. C'est ce que décide un arrêt de la Cour de Paris du 29 juin 1878, dont nous extrayons ce qui suit : « Attendu qu'il y a lieu cependant, tout en les (détenteurs) déclarant acquittés, de prononcer la confiscation, vu la contrefaçon matérielle, les objets contrefaits ne devant pas rester dans le commerce. » Cette solution nous paraît d'ailleurs conforme au but de protection poursuivi par le législateur (D. P. 1880. 2. 71).

Mais elle s'applique seulement au cas où une

condamnation a été prononcée contre le contrefacteur. Dans le cas d'acquittement de ce dernier et de ses complices, il n'y aurait pas lieu à confiscation ; il en serait ainsi, d'ailleurs, alors même que l'auteur et le complice du délit auraient été renvoyés des poursuites, à cause de l'extinction par la prescription de l'action publique et de l'action civile (Cass., 29 décembre 1882, D. P. 1884. 1. 369).

Au surplus, pour le prononcé de la confiscation, l'application de l'amende et le règlement de l'indemnité, nous renvoyons aux nombreuses décisions de la jurisprudence.

DEUXIÈME PARTIE

PROPRIÉTÉ INDUSTRIELLE

TITRE Ier.

DES BREVETS D'INVENTION.

CHAPITRE Ier

LÉGISLATION FRANÇAISE.

En traitant de la propriété industrielle, nous nous proposons non pas de faire une étude approfondie de sa législation ni d'entrer dans le détail des décisions judiciaires qui la concernent, ce qui rendrait notre étude longue et laborieuse, mais simplement d'exposer les régles générales qui la gouvernent, afin qu'on puisse se rendre compte des similitudes et des différences qui existent entre cette propriété et celle que nous avons qualifiée « sa sœur germaine, » à savoir la propriété littéraire et artistique, dont nous venons de noter les particularités.

La propriété industrielle a pour objet les inventions industrielles ou les perfectionnements apportés à des inventions antérieures.

Est-il besoin de démontrer l'utilité de pareilles inventions et de signaler les services si importants qu'elles rendent à un pays, non seulement en augmentant son bien-être intérieur, mais en alimentant son commerce d'exportation par la création d'objets d'échange plus nombreux ?

Transformer les produits du sol de la manière la plus rapide, la plus perfectionnée et la moins coûteuse, tel est le propre d'une industrie nationale qui veut soutenir avantageusement la concurrence des pays voisins ; tel est encore le but d'une industrie qui veut assurer à tous les nationaux la satisfaction la plus complète de leurs besoins et donner au commerce intérieur une prospérité permanente. Or, pour atteindre de pareils résultats, l'industrie ne peut évidemment demeurer dans la routine et l'immobilité ; il faut que ses moyens d'action sur la matière, ses procédés de transformation varient sans cesse et tendent de plus en plus à la perfection rêvée. Or comment réaliser des progrès dans ce sens, si ce n'est par des inventions nouvelles ou par des perfectionnements apportés aux anciennes ? Les inventions sont donc très utiles, puisqu'elles servent, dans un pays, à accroître le bien-être et la richesse matérielle, concourant en ceci à une œuvre d'ensemble et rivalisant pacifiquement avec les productions littéraires ou artistiques qui servent à agrandir le patrimoine intellectuel et moral de la nation.

L'intérêt général seul aurait suffi pour faire protéger par le législateur le droit de celui dont l'intelligence, le génie créateur a fait surgir une invention réellement profitable à tous. Mais indépendamment du bien public, l'invention n'est-elle pas le fruit d'un effort de la pensée, de recherches, d'observations souvent très longues, très pénibles, d'une expérience difficilement acquise par un labeur opiniâtre ? Cette invention n'est-elle pas, en un mot, si minime soit-elle, le résultat d'un travail ? Or, comme nous l'avons déjà exprimé à propos de la propriété littéraire et artistique, le fondement de la propriété est le travail ; et c'est le résultat de ce travail qui sera l'objet du droit de propriété. Il est donc logique et conforme à l'équité de reconnaître l'existence d'une propriété industrielle, comme nous avons reconnu précédemment l'existence d'une propriété littéraire et artistique. On a dénié néanmoins au droit de l'inventeur le caractère de la propriété. A l'appui de cette opinion, on a notamment fait valoir la durée limitée assignée au droit de l'inventeur par les lois dont nous allons parler.

Ici, comme en matière littéraire et artistique, cette objection ne saurait nous arrêter, et nous persistons à considérer le droit qui nous occupe comme une véritable propriété qui puise, comme toute autre, sa légitimité dans le travail.

C'est là, d'ailleurs, un corrollaire de la liberté du travail proclamé par la Déclaration des Droits de l'Homme, après la destruction, dans la nuit du 4 au 5 août 1789, des entraves qui, sous le régime des maîtrises et des jurandes, asservissaient l'industrie en supprimant l'initiative individuelle.

Faut-il, au surplus, citer ces termes du préambule du décret des 31 décembre 1790-7 janvier 1791 : « L'Assemblée nationale, considérant que toute idée nouvelle, dont la manifestation ou le développement peut devenir utile à la société, appartient primitivement à celui qui l'a conçue et que ce serait attaquer les droits de l'homme dans leur essence, *que de ne pas regarder une découverte industrielle comme la propriété de son auteur.* »

Le législateur a donc tenu, dès que la liberté de l'industrie fut proclamée, à consacrer formellement le principe de la propriété industrielle; et quels que soient les termes employés dans des lois ultérieures, tels que « droit d'exploiter », « jouissance », au lieu du terme précis de « propriété », nous considérerons comme acquise la dénomination première donnée par le texte précité au droit de l'inventeur, dénomination qui est, d'ailleurs, conforme à la nature des choses et à l'équité.

Nous verrons bientôt que le législateur nomme « brevet d'invention » ce qui sert de titre à cette propriété.

Après ces courtes observations préliminaires, nous abordons dès maintenant l'examen des lois et décrets qui ont régi ou régissent notre matière.

Nous négligerons de parler de la législation antérieure à la Révolution, car elle n'offre plus aucun intérêt pratique. Le premier texte législatif qui attire notre attention et qui fut promulgué au lendemain de la proclamation de la liberté du travail, est le décret des 31 décembre 1790-7 janvier 1791, auquel nous avons fait précédemment allusion. Ce décret commence par déclarer, dans son article 1er, que « toute découverte ou nouvelle invention, dans tous les genres d'industrie, est la propriété de son auteur » ; puis il trace des règles relatives à la demande et la délivrance des titres ou « patentes » qui doivent assurer à l'inventeur la propriété et la jouissance temporaire de son invention ; il édicte, de plus, les peines applicables aux contrefacteurs, lesquelles consistent, « en sus de la confiscation, à payer à l'inventeur des dommages-intérêts proportionnés à l'importance de la contrefaçon ; et en outre à verser, dans la caisse des pauvres du district, une amende fixée au quart du montant desdits dommages-intérêts, sans toutefois que ladite amende puisse excéder la somme de 3,000 livres, et au double en cas de récidive. »

Un décret du 25 mai 1791, rendu pour l'exécution du précédent, porte « qu'il sera délivré, sur une simple requête au roi, et sans examen préalable, des patentes nationales sous la dénomination de *brevets d'invention*, à toutes personnes qui voudront exécuter ou faire exécuter dans le royaume des objets d'industrie jusqu'alors inconnus. »

Le même décret institue à Paris, sous la surveillance et l'autorité du ministre de l'intérieur, chargé de délivrer lesdits brevets, un dépôt général sous le nom de directoire des brevets d'invention. C'est à ce directoire que les directoires des départements doivent envoyer les requêtes adressées au roi par les intéressés, lesquelles doivent contenir « la description des moyens, ainsi que les dessins et modèles relatifs à l'objet de la demande. » Un tarif annexé au règlement dont nous parlons fait connaître la taxe du brevet que doit acquitter le demandeur « sans préjudice de la taxe des patentes annuelles imposées à toutes les professions d'arts et métiers par le décret du 17 mars 1791. »

Le législateur prend aussi le soin d'indiquer que les prolongations de brevets ne pourront être accordées que par le corps législatif et dans des cas très rares.

Citons encore un décret du 20 septembre 1792, qui refuse pour l'avenir l'attribution de brevets aux établissements de finance ; et un arrêté du Directoire, du 17 Vendémiaire an VII, qui prescrit la publication des brevets dont la durée est expirée.

Mais tous ces documents législatifs, dont nous venons d'indiquer brièvement l'économie et qui sont les principaux de cette période, n'offrent plus qu'un intérêt rétrospectif et ne sont guère utiles à consulter que comme précurseurs de la législation moderne, qui s'est largement inspirée de leurs dispositions fondamentales.

C'est, en effet, dans la loi du 5 juillet 1844, qui est encore en vigueur de nos jours, et constitue la base du régime des brevets d'invention, que se trouvent fondues, soit qu'elles aient été intégralement conservées, soit qu'elles aient été complétées ou modifiées, les dispositions des lois et décrets antérieurs, lesquels ont été expressément abrogés.

C'est donc de cette loi que nous entreprendrons plus spécialement l'examen. Nous croyons utile, dans ce but, de reproduire ici le texte des principaux articles, au nombre de 54, dont elle se compose :

TITRE I. — DISPOSITIONS GÉNÉRALES.

« ARTICLE 1er. — Toute nouvelle découverte ou invention dans tous les genres d'industrie confère à son auteur, sous les conditions et pour le temps ci-après déterminés, le droit exclusif d'exploiter à son profit ladite découverte ou invention.

» Ce droit est constaté par des titres délivrés par le gouvernement, sous le nom de brevets d'invention.

» Art. 2. — Seront considérées comme inventions ou découvertes nouvelles :

» L'invention de nouveaux produits industriels ; l'invention de nouveaux moyens ou l'application nouvelle de moyens connus, pour l'obtention d'un résultat ou d'un produit industriel.

» Art. 3. — Ne sont pas susceptibles d'être brevetés :

» 1° Les compositions pharmaceutiques ou remèdes de toute espèce, lesdits objets demeurant soumis aux lois et règlements spéciaux sur la matière, et notamment au décret du 18 août 1810, relatif aux remèdes secrets.

» 2° Les plans et combinaisons de crédit ou de finances.

» Art. 4. — La durée des brevets sera de cinq, dix ou quinze années.

» Chaque brevet donnera lieu au paiement d'une taxe qui est fixée ainsi qu'il suit, savoir : 500 fr. pour un brevet de cinq ans ; 1,000 fr. pour un brevet de dix ans ; 1,500 fr. pour un brevet de quinze ans.

» Cette taxe sera payée par annuités de 100 fr. sous peine de déchéance, si le breveté laisse écouler un terme sans l'acquitter.

TITRE II. — DES FORMALITÉS RELATIVES A LA DÉLIVRANCE DES BREVETS.

SECTION I. — *Des demandes de brevets.*

» ART. 5. — Quiconque voudra prendre un brevet d'invention devra déposer, sous cachet, au secrétariat de la préfecture, dans le département où il est domicilié ou tout autre département, en y élisant domicile :

» 1° Sa demande au Ministre de l'Agriculture et du Commerce ;

» 2° Une description de la découverte, invention ou application faisant l'objet du brevet demandé ;

» 3° Les dessins ou échantillons qui seraient nécessaires pour l'intelligence de la description ;

» Et 4° un bordereau des pièces déposées.

» ART. 6. — La demande sera limitée à un seul objet principal, avec les objets de détail qui le constituent et les applications qui auront été indiquées.

» Elle mentionnera la durée que les demandeurs entendent assigner à leur brevet dans les limites fixées par l'article 4, et ne contiendra ni restrictions, ni conditions, ni réserves.

» Elle indiquera un titre renfermant la désignation sommaire et précise de l'objet de l'invention.

» La description ne pourra être écrite en langue étrangère. Elle devra être sans altérations ni surcharges. Les mots rayés comme nuls seront comptés et constatés, les pages et les renvois paraphés. Elle ne devra contenir aucune dénomination de poids ou de mesures autres que celles qui sont portées au tableau annexé à la loi du 4 juillet 1837.

» Les dessins seront tracés à l'encre et d'après une échelle métrique.

» Un duplicata de la description et des dessins sera joint à la demande. Toutes les pièces seront signées par le demandeur, ou par un mandataire dont le pouvoir restera annexé à la demande.

» Art. 7. — Aucun dépôt ne sera reçu que sur la production d'un récépissé constatant le versement d'une somme de 100 francs à valoir sur le montant de la taxe du brevet.

» Un procès-verbal, dressé sans frais, par le secrétaire-genéral de la Préfecture, sur un registre à ce destiné, et signé par le demandeur, constatera chaque dépôt, en énonçant le jour et l'heure de la remise des pièces.

» Une expédition dudit procès-verbal sera remise au déposant, moyennant le remboursement des frais de timbre.

» Art. 8. — La durée du brevet courra du jour du dépôt prescrit par l'article 5.

Section II. — *De la délivrance des brevets.*

» Art. 9. — Aussitôt après l'enregistrement des demandes, et dans les cinq jours de la date du dépôt, les préfets transmettront les pièces, sous le cachet de l'inventeur, au Ministre de l'Agriculture et du Commerce, en y joignant une copie certifiée du procès-verbal de dépôt, le récépissé constatant le versement de la taxe, et, s'il y a lieu, le pouvoir mentionné dans l'article 6.

» Art. 10. — A l'arrivée des pièces au ministère de l'Agriculture et du Commerce, il sera procédé à l'ouverture, à l'enregistrement des demandes, et à l'expédition des brevets dans l'ordre de la réception desdites demandes.

» Art. 11. — Les brevets dont la demande aura été régulièrement formée seront délivrés, sans examen préalable, aux risques et périls des demandeurs, et sans garantie soit de la réalité, de la nouveauté ou du mérite de l'invention, soit de la fidélité ou de l'exactitude de la description.

» Un arrêté du ministre, constatant la régularité de cette demande, sera délivré au demandeur, et constituera le brevet d'invention.

» A cet arrêté sera joint le duplicata certifié de la description et des dessins mentionnés dans l'article 6, après que la conformité avec l'expédition originale en aura été reconnue et établie au besoin. La première expédition des brevets sera délivrée sans frais.

» Toute expédition ultérieure, demandée par le breveté ou ses ayants-cause, donnera lieu au paiement d'une taxe de 25 francs. Les frais de dessin, s'il y a lieu, demeureront à la charge de l'impétrant.

» Art. 12. — Toute demande dans laquelle n'auraient pas été observées les formalités prescrites par les numéros 2 et 3 de l'article 5, et par l'article 6, sera rejetée. La moitié de la somme versée restera acquise au trésor ; mais il sera tenu compte de la totalité de cette somme au demandeur, s'il reproduit sa demande dans un délai de trois mois, à compter de la date de la notification du rejet de sa requête.

» Art. 13. — Lorsque par application de l'article

3, il n'y aura pas à délivrer un brevet, la taxe sera restituée.

» Art. 14. — Une ordonnance royale, insérée au *Bulletin des lois,* proclamera, tous les 3 mois, les brevets délivrés.

» Art. 15. — La durée des brevets ne pourra être prolongée que par une loi.

Section III. — *Des certificats d'addition.*

» Art. 16. — Le breveté ou les ayants-droit au brevet auront, pendant toute la durée du brevet, le droit d'apporter à l'invention des changements, perfectionnements ou additions, en remplissant, pour le dépôt de la demande, les formalités déterminées par les articles 5, 6 et 7.

» Ces changements, perfectionnements ou additions seront constatés par des certificats délivrés dans la même forme que le brevet principal, et qui produiront, à partir des dates respectives des demandes et de leur expédition, les mêmes effets que ledit brevet principal avec lequel ils prendront fin.

» Chaque demande de certificat d'addition donnera lieu au paiement d'une taxe de 20 francs. Les certificats d'addition pris par un des ayants-droit profiteront à tous les autres.

» Art. 17. — Tout breveté qui, pour un changement, perfectionnement ou addition, voudra prendre un brevet principal de cinq, dix ou quinze années, au lieu d'un certificat d'addition expirant avec le brevet primitif, devra remplir les formalités prescrites par les articles 5, 6 et 7, et acquitter la taxe mentionnée dans l'article 4.

. . . .
. . . .
. . . .

SECTION IV. — *De la transmission et de la cession des brevets.*

» ART. 20. — Tout breveté pourra céder la totalité ou partie de la propriété de son brevet.

» La cession totale ou partielle d'un brevet, soit à titre gratuit, soit à titre onéreux, ne pourra être faite que par acte notarié et après le paiement de la totalité de la taxe déterminée par l'article 4.

» Aucune cession ne sera valable, à l'égard des tiers, qu'après avoir été enregistrée au secrétariat de la préfecture du département dans lequel l'acte a été passé.

. . . .

ART. 21. — Il sera tenu, au Ministère de l'Agriculture et du Commerce, un registre sur lequel seront inscrites les mutations intervenues sur chaque brevet, et, tous les trois mois, une ordonnance royale proclamera, dans la forme déterminée par l'article 14, les mutations enregistrées pendant le trimestre expiré.

. . . .
. . . .

SECTION V. — *De la communication et de la publication des descriptions et dessins des brevets.*

» ART. 23. — Les descriptions, dessins, échantillons et modèles des brevets délivrés resteront, jusqu'à l'expiration des brevets, déposés au Ministère de l'Agriculture et du Commerce, où ils seront communiqués sans frais, à toute réquisition.

» Toute personne pourra obtenir, à ses frais, copie desdites descriptions et dessins, suivant les formes qui seront déterminées dans le règlement rendu en exécution de l'article 50.

. . . .

. . . .

» Art. 26. — A l'expiration des brevets, les originaux des descriptions et dessins seront déposés au Conservatoire royal des Arts et Métiers.

TITRE III. — DES DROITS DES ÉTRANGERS.

» Art. 27. — Les étrangers pourront obtenir en France des brevets d'invention. . . . .

. . . .

. . . .

. . . .

TITRE IV. — DES NULLITÉS ET DÉCHÉANCES, ET DES ACTIONS Y RELATIVES.

Section I. — *Des nullités et déchéances.*

» Art. 30. — Seront nuls et de nul effet les brevets délivrés dans les cas suivants, savoir :

» 1° Si la découverte, invention ou application n'est pas nouvelle ;

» 2° Si la découverte, invention ou application n'est pas, aux termes de l'article 3, susceptible d'être brevetée ;

» 3° Si les brevets portent sur des principes, méthodes, systèmes, découvertes et conceptions théoriques ou purement scientifiques dont on n'a pas indiqué les applications industrielles;

» 4° Si la découverte, invention ou application, est reconnue contraire à l'ordre ou à la sûreté publique, aux bonnes mœurs ou aux lois du royaume, sans préjudice, dans ce cas et dans celui du paragraphe précédent, des peines qui pourraient être encourues pour la fabrication ou le débit d'objets prohibés;

» 5° Si le titre sous lequel le brevet a été demandé indique frauduleusement un objet autre que le véritable objet de l'invention;

» 6° Si la description jointe au brevet n'est pas suffisante pour l'exécution de l'invention, ou si elle n'indique pas, d'une manière complète et loyale, les véritables moyens de l'inventeur;

» 7° Si le brevet a été obtenu contrairement aux dispositions de l'article 18.

» Seront également nuls et de nul effet les certificats comprenant des changements, perfectionnements ou additions qui ne se rattacheraient pas au brevet principal.

» Art. 31. — Ne sera pas réputée nouvelle toute découverte, invention ou application qui, en France ou à l'étranger, et antérieurement à la date du dépôt de la demande, aura reçu une publicité suffisante pour pouvoir être exécutée.

» Art. 32. — Sera déchu de tous ses droits :

» 1° Le breveté qui n'aura pas acquitté une annuité avant le commencement de chacune des années de la durée de son brevet.

» 2° Le breveté qui n'aura pas mis en exploitation sa découverte ou invention en France dans le délai de 2 ans, à dater du jour de la signature du brevet, ou qui aura cessé de l'exploiter pendant 2 années consécutives, à moins que dans l'un ou dans l'autre cas, il ne justifie des causes de son inaction ;

» 3° Le breveté qui aura introduit en France des objets fabriqués en pays étranger et semblables à ceux qui sont garantis par son brevet.

» Sont exceptés des dispositions du présent paragraphe les modèles de machines dont le ministre de l'agriculture et du commerce pourra autoriser l'introduction dans le cas prévu par l'article 29.

» Art. 33. — Quiconque, dans des enseignes, annonces, prospectus, affiches, marques ou estampilles, prendra la qualité de breveté sans posséder un brevet délivré conformément aux lois, ou après l'expiration du brevet antérieur, ou qui, étant breveté, mentionnera sa qualité de breveté ou un brevet, sans y ajouter ces mots : *sans garantie du gouvernement*, sera puni d'une amende de 50 à 1.000 fr.

» En cas de récidive, l'amende pourra être portée au double.

Section II. — *Des actions en nullité et en déchéance.*

» Art. 34. — L'action en nullité et l'action en déchéance pourront être exercées contre toute personne y ayant intérêt.

» Ces actions, ainsi que toutes contestations relatives à la propriété des brevets, seront portées devant les tribunaux civils de 1re instance.

. . . .

» Art. 37. — Dans toute instance tendant à

faire prononcer la nullité ou la déchéance d'un brevet le ministère public pourra se rendre partie intervenante et prendre des réquisitions pour faire prononcer la nullité ou la déchéance absolue du brevet.

» Il pourra même se pourvoir directement par action principale pour en faire prononcer la nullité dans les cas prévus aux numéros 2°, 4° et 5°, de l'article 30.

. . . .

. . . .

TITRE V. — DE LA CONTREFAÇON, DES POURSUITES ET DES PEINES.

» ART. 40. — Toute atteinte portée aux droits du breveté, soit par la fabrication de produits, soit par l'emploi de moyens faisant l'objet de son brevet, constitue le délit de contrefaçon.

» Ce délit sera puni d'une amende de 100 à 2,000 francs.

» ART. 41. — Ceux qui auront sciemment recélé, vendu ou exposé en vente, ou introduit sur le territoire français un ou plusieurs objets contrefaits, seront punis des mêmes peines que les contrefacteurs.

» ART. 42. — Les peines établies par la présente loi ne pourront être cumulées.

» La peine la plus forte sera seule prononcée pour tous les faits antérieurs au premier acte de poursuite.

» ART. 43. — Dans le cas de récidive, il sera prononcé, outre l'amende portée aux articles 40 et 41, un emprisonnement d'un mois à six mois.

» Il y a récidive lorsqu'il a été rendu contre le prévenu, dans les cinq années antérieures, une première condamnation pour un des délits prévus par la présente loi.

» Un emprisonnement d'un mois à six mois pourra aussi être prononcé, si le contrefacteur est un ouvrier ou un employé ayant travaillé dans les ateliers ou dans l'établissement du breveté, ou si le contrefacteur, s'étant associé avec un ouvrier ou un employé du breveté, a eu connaissance, par ce dernier, des procédés décrits au brevet.

» Dans ce dernier cas, l'ouvrier ou l'employé pourra être poursuivi comme complice.

» Art. 44. — L'article 463 du Code pénal pourra être appliqué aux délits prévus par les dispositions qui précèdent.

» Art. 45. — L'action correctionnelle pour l'application des peines ci-dessus ne pourra être exercée par le ministère public que sur la plainte de la partie lésée.

. . . .

» Art. 47. — Les propriétaires de brevets pourront, en vertu d'une ordonnance du président du tribunal de première instance, faire procéder, par tous les huissiers, à la désignation et description détaillée, avec ou sans saisie, des objets prétendus contrefaits.

» L'ordonnance sera rendue sur simple requête et sur la représentation du brevet ; elle contiendra, s'il y a lieu, la nomination d'un expert pour aider l'huissier dans sa description.

» Lorsqu'il y aura lieu à la saisie, ladite ordonnance pourra imposer au requérant un cautionnement, qu'il sera tenu de consigner avant d'y faire procéder.

» Le cautionnement sera toujours imposé à l'étranger breveté qui requerra la saisie.

. . . .

» Art. 48. — A défaut par le requérant de s'être pourvu, soit par la voie civile, soit par la voie correctionnelle, dans le délai de huitaine, outre un jour par trois myriamètres de distance, entre le lieu où se trouvent les objets saisis ou décrits et le domicile du contrefacteur, recéleur, introducteur ou débitant, la saisie ou description sera nulle de plein droit, sans préjudice de plus amples dommages-intérêts qui pourront être réclamés, s'il y a lieu, dans la forme prescrite par l'art. 36.

» Art. 49. — La confiscation des objets reconnus contrefaits, et, le cas échéant, celle des instruments ou ustensiles destinés spécialement à leur fabrication, seront, même en cas d'acquittement, prononcées contre le contrefacteur, le recéleur, l'introducteur ou le débitant.

» Les objets confisqués seront remis au propriétaire du brevet, sans préjudice de plus amples dommages-intérêts et de l'affiche du jugement, s'il y a lieu.

TITRE VI. — DISPOSITIONS PARTICULIÈRES ET TRANSITOIRES.

» Art. 50. — Des ordonnances royales, portant règlement d'administration publique, arrêteront les dispositions nécessaires pour l'exécution de la présente loi, qui n'aura d'effet que trois mois après sa promulgation.

. . . .

» Art. 52. — Seront abrogées, à compter du jour où la présente loi sera devenue exécutoire, les lois des 7 janvier et 25 mai 1791, celle du 20 septembre 1792, l'arrêté du 17 vendémiaire an VII, l'arrêté du 5 vendémiaire an IX, les décrets des 25 novembre 1806 et 25 janvier 1807, et toutes les dispositions antérieures à la présente loi, relatives aux brevets d'invention, d'importation et de perfectionnement. »

. . . .

Reprenons, titre par titre, ces diverses dispositions :

Comme nous venons de le voir, le titre I de la loi précitée contient des dispositions générales qui visent le caractère que doit présenter un objet pour être brevetable, la durée et le prix des brevets.

A quels signes reconnaîtra-t-on qu'un objet est susceptible d'être breveté ?

Il faudra, tout d'abord, qu'il constitue « une nouvelle invention ou découverte ».

Est-il besoin de faire remarquer que l'invention consiste à mettre au jour ce qui n'existait pas, tandis que la découverte tire de l'obscurité une chose qui existait déjà mais qui n'était pas connue.

Quant à la nouveauté de l'invention ou découverte, exigée par la loi (articles 1 et 30), elle consistera dans l'absence de la publicité antérieure à laquelle fait allusion l'article 31.

Il est nécessaire, en outre, que l'invention ou découverte ait trait à l'*industrie* ; et peu importe le genre de cette industrie, car les termes de la loi sont généraux (article 1 § 1er). Peu importe également le plus ou moins d'importance de l'invention. Tout ce que le législateur exige, c'est qu'elle soit nouvelle et relative à l'industrie.

Toutefois la loi actuelle prend soin, contrairement à celle du 7 janvier 1791, de faire entrer dans deux classifications les inventions ou découvertes industrielles en décidant qu'elles devront être la source soit de nouveaux produits industriels, soit de nouveaux moyens ou de l'application nouvelle de moyens connus pour l'obtention d'un résultat ou d'un produit industriel. Mais il ne faut pas voir là une disposition restrictive ; car il est dit dans l'exposé des motifs que cette « énonciation résume les différentes espèces sous lesquelles les découvertes industrielles peuvent se produire, et n'enlève rien à la liberté du génie de l'invention. »

Qu'entend-t-on par « produits industriels » et « nouveaux moyens » ?

Le produit industriel peut être considéré comme un corps déterminé, dû à la fabrication, c'est-à-dire à un travail de transformation opéré par l'homme sur la nature, et destiné à faire l'objet d'un commerce. Celui qui le premier a imaginé de fabriquer la soie a inventé un produit industriel.

Le produit se distingue du « résultat », qui n'est autre chose que l'amélioration apportée à la fabrication d'un produit, soit en augmentant la rapidité de la fabrication, en diminuant le prix de la main d'œuvre, en évitant les déchets de la production, soit en augmentant la qualité du produit, etc...

Le simple résultat, à la différence du produit, n'est pas brevetable.

Les « moyens nouveaux » sont les procédés

employés pour obtenir les produits ou les résultats.

Ils sont quelquefois synonymes d'agent, de principe, de substance, d'éléments ; exemple : application de l'air, de la vapeur.

On les a divisés d'une façon assez logique en agents, organes ou procédés ; « les agents, dit un auteur, M. Pouillet, sont plus spécialement les moyens chimiques ; les organes sont plus spécialement les moyens mécaniques ; les procédés sont des façons diverses de mettre en œuvre et de combiner les moyens soit chimiques, soit mécaniques. » (Pouillet, traité théorique et pratique des brevets d'invention n° 28).

Que dire enfin de l'application nouvelle de moyens connus pour l'obtention d'un résultat ou d'un produit industriel ? Il s'agit là, peut-on dire, de l'emploi perfectionné de ces moyens pour obtenir un résultat ou un produit industriel différent ou non de celui qu'ils avaient servi à engendrer antérieurement.

D'ailleurs les moyens ou l'application nouvelle de moyens connus sont brevetables aussi bien lorsqu'ils engendrent un simple résultat que lorsqu'ils engendrent un produit. Le législateur l'exprime formellement (art. 2).

Concernant la définition donnée ci-dessus, un auteur, M. Nouguier (des brevets d'invention et de la contrefaçon n° 414) fournit quelques explications qui aideront à faire mieux comprendre notre pensée : « Faire une application nouvelle de moyens connus, c'est prendre ces moyens, les appliquer à d'autres choses qu'aux choses auxquelles ils servaient ; ou les appliquer autrement ; ou en changer les combinaisons ; ou les simplifier par des suppressions ; ou les compléter par des additions d'autres moyens également connus ; ou les réunir lorsqu'ils sont épars ; ou les séparer quand ils sont réunis et arriver ainsi à l'obtention d'un produit industriel. »

Nous ajouterons à cette remarque que les découvertes résultent le plus souvent de l'application nouvelle de moyens connus à l'obtention de produits ou résultats connus aussi. Nous ne pouvons que renvoyer aux décisions très nombreuses de la jurisprudence en ce qui concerne la distinction souvent difficile qui doit être faite entre les produits et les résultats, entre les moyens nouveaux et l'application nouvelle de moyens déjà connus.

L'invention ou la découverte doit, avons-nous dit, être nouvelle (art. 2 et 30).

Nous avons vu que l'article 31, cité plus haut, considère comme dépourvue de nouveauté « toute découverte, invention ou application qui, en France ou à l'étranger, et antérieurement à la date du dépôt de la demande, aura reçu une publicité suffisante pour pouvoir être exécutée. » En fait, la nouveauté d'un produit, comparé à d'autres produits similaires, sera appréciée par les tribunaux. Elle résultera, par exemple, de qualités propres à ce produit ou très supérieures à celles de ses devanciers.

L'article 30 prononce la nullité du brevet d'invention délivré pour protéger une invention ou application qui n'est pas nouvelle.

Quant au côté industriel de l'invention, exigé par les articles 1 et 2, il s'entend du caractère palpable, matériel, vénal de l'invention qui doit être susceptible d'entrer dans le commerce ; et nous savons, d'après les termes généraux employés par l'article 1, que peu importe le genre de l'industrie à laquelle se réfère l'objet à breveter. C'est en vertu de cette exigence que l'article 30-3° déclare nuls « les brevets qui portent sur des principes, méthodes, systèmes, découvertes et conceptions théoriques ou purement scientifiques, dont on n'a pas indiqué les applications industrielles. »

Par exception à la règle précédente, l'article 3 ne reconnaît pas la qualité d'invention brevetable « aux compositions pharmaceutiques ou remèdes de toute espèce et aux plans et combinaisons de crédit et de finance. »

En édictant cette disposition, le législateur est parti de cette considération que l'attribution d'un brevet ayant pour effet, grâce à une erreur assez répandue, et malgré la réserve insérée dans l'article 11 dont nous parlerons bientôt, de faire ajouter foi à la bonté de l'invention, la crédulité populaire aurait pu être facilement exploitée au détriment de la santé et de la fortune publiques. De même pour les plans et combinaisons de crédit et de finances, on a craint avec juste raison, selon nous, que l'attribution de brevets fasse de pareilles inventions un moyen de fraude contre les fortunes particulières. La prohibition de délivrer un brevet aux établissements de finance avait déjà été prononcée autrefois par un décret du 25 septembre 1792.

Mentionnons dans un ordre d'idées analogue la nullité prononcée par l'article 30-4° de « toute découverte, invention ou application qui est reconnue contraire à l'ordre ou à la sûreté publique, aux bonnes mœurs ou aux lois du royaume. »

En résumé, une invention ou découverte doit, pour être brevetable :

1° Etre industrielle ;

2° Etre nouvelle ;

3° Pouvoir entrer dans une des deux grandes catégories créées par l'article 2, tout en échappant par sa nature à la prohibition de l'article 3 ;

4° Etre licite, non contraire à la sécurité publique et aux bonnes mœurs.

D'ailleurs les tribunaux apprécient souverainement la question de savoir si un produit ou un procédé breveté constitue ou non une invention, et si la concession d'un brevet lui *a été faite* conformément à la loi.

La durée des brevets est déterminée par l'article **4**. Elle est de cinq, dix ou quinze ans selon la demande formée à cet égard par l'intéressé, qui devra acquitter pour l'obtention et la conservation du brevet concédé une somme d'argent payable par annuité de cent francs et d'avance ; cette somme sera, par conséquent, de cinq cents francs pour cinq ans, de mille francs pour dix ans, de quinze cents francs pour quinze ans (art. 4). D'ailleurs le défaut de paiement à l'échéance d'une seule annuité suffit à entraîner la déchéance du brevet (article 4 et 32-1°).

Dès qu'un brevet a été concédé, sa durée, qu'elle soit de cinq, dix ou quinze ans, ne peut être prolongée que par une loi (art. 15). Une disposition identique se rencontrait déjà dans l'article 8 du décret du 25 mai 1791, qui spécifiait qu'une pareille prolongation ne pourrait être accordée que pour des raisons majeures et dans des cas très rares.

Nous trouvons résumées dans l'exposé des

motifs de la loi de 1844 les raisons qui ont inspiré au législateur cette circonspection dans la prolongation de durée des brevets :

« Lorsque, comme dans l'état actuel, l'inventeur est libre de donner à son privilège une durée de cinq, dix ou quinze années, à son choix, sa détermination, une fois arrêtée, doit faire sa règle comme celle du public. L'industrie, qui le sait, se dispose en conséquence ; et lorsque, sur la foi de l'expiration prochaine du privilège, elle s'est préparée, à grands frais peut-être, à l'exploitation libre d'une découverte dévolue, dans sa pensée, au domaine public, il ne faut pas qu'une décision soudaine, même fondée sur les titres légitimes, vienne lui enlever le bénéfice de la loi ; que serait-ce donc si cette décision n'était pas basée *sur ces raisons majeures* qu'en 1791 le législateur s'imposait à lui-même comme condition de toute prolongation ? »

D'après ce principe, les prolongations de brevets sont rarement accordées. Nous trouvons dans la séance du Sénat du 21 juillet 1894 (*Journal officiel* du 22 juillet) un exemple de fin de non-recevoir opposée, sous forme d'ajournement de proposition de loi, à une demande de prolongation de brevet faite par un sieur J. Laffitte, forgeron à Paris. D'autre part, nous ne trouvons comme exemple de lois ayant accordé des prolongations que deux lois : l'une du 18 juin 1856, l'autre du 1er août 1860.

Nous n'insisterons pas sur les formalités qui sont relatives à la demande des brevets : elles sont détaillées suffisamment dans les articles 5 à 8 de la loi de 1844, auxquels on devra se référer.

Bornons-nous à faire remarquer que si l'article 6 exige que la demande indique un *titre* renfermant la désignation sommaire et précise de l'objet de l'invention, c'est afin d'empêcher, autant que possible, une dissimulation du véritable objet du brevet sous une énonciation mensongère qui serait de nature à le soustraire « à l'attention soit des personnes qui auraient intérêt à le consulter, soit du ministère public chargé de défendre les intérêts de la Société. » Quant à la disposition de l'article 8, qui fait courir la durée du brevet du jour du dépôt, prescrit par l'article 5, elle a pour but de fixer le rang des inventeurs.

La délivrance elle-même des brevets a lieu dans les formes déterminées par les articles 9 à 15.

L'article 11 renferme l'importante règle de la délivrance des brevets sans examen préalable. La régularité seule de la demande suffit pour faire obtenir le brevet demandé. Le gouvernement ne se fait pas juge de la nouveauté ou de l'importance de l'objet à breveter ; il délivre le brevet tout d'abord et laisse aux particuliers le soin de se pourvoir devant la juridiction compétente, c'est-à-dire devant les tribunaux civils de première instance, pour faire prononcer, s'il y a lieu, la nullité ou la déchéance de ce brevet (art. 34).

Le législateur a pensé, en effet, que toute vérification préalable pourrait être trompeuse, sinon impossible, et que le public serait le meilleur juge du mérite de l'invention et de son droit à être brevetée valablement. C'est pourquoi l'article 11 décide formellement que la délivrance des brevets aura lieu « aux risques et périls des demandeurs et *sans garantie* soit de la réalité, nouveauté ou du mérite de l'invention, soit de la de la fidélité ou de l'exactitude de la description. »

C'est ce qu'exprime cette formule abriévative « s. g. d. g. » qui *doit* figurer à la suite de toute annonce publique d'un brevet, car l'article 33 punit d'une amende de 50 à 1,000 francs celui qui mentionne sa qualité de breveté ou son brevet sans y ajouter ces mots « sans garantie du gouvernement » ; et la peine peut être doublée en cas de récidive.

Quant au brevet lui-même, il consiste dans un arrêté du Ministre du Commerce constatant la régularité de la demande.

A cet arrêté, qui forme le titre de propriété de l'inventeur, se trouve annexé le duplicata certifié des descriptions et dessins, relatifs à l'invention, et qui ont dû être déposés en même temps que la demande, conformément à l'article 6.

Nous n'avons que de courtes explications à donner sur les certificats d'addition dont la réglementation est contenue dans les articles 16 à 19.

Une invention étant sujette à des perfectionnements, à des additions, il a fallu protéger à ce point de vue les droits des inventeurs eux-mêmes ou des tiers. S'agit-il de l'inventeur qui a perfectionné sa propre invention, il pourra, à son choix, obtenir un certificat d'addition, donnant lieu au paiement d'une simple taxe de 20 francs et dont la durée expirera avec celle du brevet principal ; ou prendre un brevet de perfectionnement, de 5, 10 ou 15 ans, indépendant de son brevet primitif, mais dont l'obtention sera soumise aux conditions ordinaires dont nous avons déjà parlé.

De plus, c'est à l'inventeur seul qu'appartient le droit de prendre un brevet de perfectionnement dans l'année qui suit l'obtention de son brevet primitif. Il est juste, en effet, de laisser à l'inventeur la priorité pendant la mise à l'essai de son invention.

S'agit-il d'un tiers qui a perfectionné, modifié ou complété l'invention déjà brevetée d'autrui, il ne pourra obtenir qu'un brevet et non point un certificat. Cela se conçoit très bien ; car l'invention et le perfectionnement sont dans ce cas deux choses différentes appartenant à leurs auteurs respectifs et entre lesquelles on a très justement établi la distinction qui sépare l'arbre de la greffe. Or le certificat d'addition n'étant qu'une addition du brevet primitif, c'est au propriétaire seul de ce dernier qu'il peut être légitimement accordé.

Par application du même principe, le tiers qui a obtenu le brevet dont il vient d'être question ne peut exploiter l'invention avec son perfectionnement tant que dure le brevet accordé à l'inventeur primitif, à moins qu'il n'ait obtenu l'autorisation de ce dernier (argument de l'article 19).

Notons enfin qu'on ne saurait ranger parmi les perfectionnements industriels les simples changements de forme ou de proportions non plus que les ornements. La loi du 25 mai 1791 s'était exprimé formellement sur ce point dans son article 8, et si cette disposition n'a pas été reproduite dans le texte de la loi de 1844, il ressort de l'exposé des motifs qu'on doit la considérer comme implicitement maintenue.

Dans les articles 20 à 22, le législateur, après avoir proclamé la légitimité de la cession totale ou partielle d'un brevet, prend soin d'indiquer la forme dans laquelle doit se faire une pareille cession et la publicité dont elle doit être revêtue, dans l'intérêt des tiers.

A la différence de la propriété littéraire et artistique, dont la transmission n'était pas soumise à la formalité d'un acte authentique et dont la preuve peut résulter d'un écrit quelconque, la cession de la propriété d'un brevet ne peut résulter que d'un acte notarié; de plus, elle n'est valable à l'égard des tiers qu'après la formalité de l'enregistrement dont il est parlé dans les articles 20 et 21.

La cession peut être *partielle*. Doit-on entendre par là qu'on peut diviser la découverte décrite par le brevet ? Non ; car cela serait contraire à l'unité d'objet que doit présenter l'invention brevetable. Cela signifie simplement que l'inventeur peut céder une partie seulement des droits qui découlent de l'exploitation de son invention : par exemple, il peut céder le droit de fabriquer en se réservant le droit de vendre, limiter la durée du droit cédé, etc... A ce propos, remarquons que l'expression « licence d'exploitation, » fréquemment employée dans la pratique, ne concerne ni une cession totale ni une cession partielle, mais simplement la jouissance de l'exploitation dont l'inventeur se réserve la propriété entière.

Si le législateur n'a autorisé la cession d'un brevet qu'après le paiement total de la taxe, fixée par l'article 4, c'est dans un but de protection à l'égard des cessionnaires ; car ceux-ci auraient pu, sans cette précaution, devenir les dupes de cédants peu scrupuleux qui, n'ayant eux-mêmes aucune confiance dans le mérite de leurs inventions, chercheraient, après avoir déboursé une faible portion de la taxe, à trafiquer des brevets concédés.

Enfin, la publicité des mutations doit être effectuée tous les trois mois par un décret inséré au *Bulletin des lois* (art. 21). C'est le complément nécessaire des mesures de publicité prescrites dans l'intérêt des tiers.

D'ailleurs le régime de publicité dont nous parlons n'a pas seulement trait aux transmissions de brevets. Les articles 23, 24, 25 et 26 organisent encore un système de divulgation concernant les brevets eux-mêmes. C'est ainsi que l'article 24 ordonne la publication, au commencement de chaque année, d'un catalogue contenant les titres des brevets délivrés dans le courant de l'année précédente.

En outre, ces catalogues et le recueil des descriptions et dessins de brevets sont déposés non seulement au Ministère du Commerce, mais encore au secrétariat de la Préfecture de chaque département, où l'on pourra librement les consulter. Enfin, après l'expiration des brevets, le Conservatoire National des Arts et Métiers reçoit le dépôt des descriptions et dessins, conformément à l'article 26. Les articles 27, 28 et 29 règlent les droits des étrangers qui peuvent obtenir en France des brevets d'invention, mais pour une durée « qui ne pourra excéder celle des brevets antérieurement pris à l'étranger. »

Nous avons déjà énuméré quelques-unes des nullités et déchéances, édictées par les articles 30 à 33. Nous avons indiqué notamment comme cause de nullité le défaut de nouveauté de l'invention, le caractère théorique ou purement scientifique de son objet, son incompatibilité avec les lois, les bonnes mœurs, l'ordre ou la sûreté publique.

Il faut y joindre les cas mentionnés sous les numéros 4, 5, 6, 7 de l'article 31 dont le texte a été donné plus haut. Quant aux causes de déchéance, elles sont indiquées sous les numéros 1, 2 et 3 de l'article 32 ; l'une d'elles consiste dans le fait de n'avoir pas mis en exploitation la découverte ou invention dans le délai de 2 ans à partir de la signature du brevet (art. 32-2°).

Nous avons déjà dit que l'article 33 punit d'une amende de 50 à 1,000 francs le fait d'avoir mentionné sa qualité de breveté ou son brevet sans y ajouter ces mots : *sans garantie du gouvernement* (s. g. d. g.). Cette même peine est applicable à celui qui prend la qualité de breveté sans posséder un brevet délivré conformément à la loi.

L'exercice des actions en nullité et en déchéance appartient, d'après l'article 34, à toute personne y ayant intérêt. La juridiction compétente en cette matière, comme en matière de propriété du brevet, est le Tribunal civil de première instance. L'affaire est instruite comme sommaire, car elle requiert célérité à cause des intérêts graves qui peuvent être en souffrance ; elle doit, en outre, être communiquée au Procureur de la République, gardien de l'intérêt social. D'ailleurs le ministère public joue ici un rôle important ; car la nullité prononcée à la requête d'un particulier n'ayant qu'un effet relatif et limité aux rapports des parties en cause, le brevet pourrait, nonobstant le jugement d'annulation, subsister et continuer à produire son effet vis-à-vis des tiers.

L'article 37, en exprimant formellement que le

ministère public pourra intervenir dans l'instance et prendre des réquisitions pour faire prononcer « la nullité ou la déchéance absolue du brevet, » obvie au danger de la nullité relative dont il vient d'être question.

De plus, le même article reconnaît au Procureur de la République le droit d'agir d'office dans les cas prévus aux numéros 2°, 4° et 5° de l'article 30, c'est-à-dire dans les cas où la découverte n'est pas susceptible d'être brevetée comme constituant une composition pharmaceutique ou une combinaison de finances, comme étant contraire aux lois, aux bonnes mœurs, à l'ordre ou à la sûreté publique, comme étant enfin frauduleuse par la dissimulation de son objet. L'action du ministère public tendant, dans ces diverses hypothèses, à la destruction absolue du brevet, la loi décide dans l'article 38 que tous les ayants-droit au brevet, dont les titres auront été enregistrés conformément à l'article 21, devront être mis en cause.

Notons enfin que la déchéance ou nullité absolue d'un brevet, prononcée par jugement ayant acquis l'autorité de la chose jugée, est publiée conformément à l'article 14, c'est-à-dire par un décret inséré au *Bulletin des lois*.

Il nous reste, pour compléter cet examen rapide de la loi du 5 juillet 1844, à dire quelques mots des articles 40 à 49 qui ont trait à la contrefaçon. Ce délit, selon la définition contenue dans l'article 40, cité plus haut, consiste « dans toute atteinte portée au droit du breveté par la fabrication de produits, ou par l'emploi de moyens faisant l'objet de son brevet. » Le législateur a pris soin de formuler cette définition, parce qu'elle ne résultait d'aucune loi antérieure et qu'elle se référait à des faits délictueux différents par leur mode d'exécution de ceux prévus par l'article 425 du Code pénal à propos de la propriété littéraire et artistique. Quant à la peine prononcée contre le contrefacteur par le deuxième paragraphe du même article 40, elle est de 100 à 2,000 fr., c'est-à-dire calculée exactement sur le taux de celle qui atteint, d'après l'article 427 du Code pénal, la contrefaçon artistique et littéraire. La peine est la même contre les introducteurs et les recéleurs des objets contrefaits, et même contre les débitants, contrairement à l'article 427 du Code pénal qui adoucit la sévérité de la loi en ce qui concerne les débitants d'œuvres artistiques ou littéraires contrefaites et qui n'atteint pas les simples recéleurs. Toutefois il faut que les introducteurs, recéleurs, débitants aient agi *sciemment*. Quant au fabricant lui-même il ne peut exciper de sa bonne foi à cause de la publicité des brevets telle qu'elle est organisée par notre législation.

En cas de récidive, un emprisonnement d'un mois à six mois doit être joint à l'amende, précédemment indiquée. Notons que l'aggravation de peine, en cas de récidive, n'existe pas dans la législation répressive de la contrefaçon artistique et littéraire.

Enfin, le même article 40 donne aussi aux tribunaux la faculté de prononcer la même peine d'emprisonnement contre l'ouvrier ou l'employé contrefacteur.

Toutefois la rigueur de cette peine, comme de celles précédemment indiquées, peut être tempérée par l'application de l'article 463 du Code pénal (art. **44**).

Est-il besoin d'ajouter que la juridiction compétente en matière de contrefaçon est le Tribunal correctionnel ? Autrefois la connaissance des poursuites en contrefaçon était donnée aux juges de paix par les décrets de 1791. Mais la loi du 15 mai 1838, dans son article 20, leur enleva cette attribution pour la donner aux tribunaux correctionnels.

C'est seulement sur la plainte de la partie lésée que le ministère public pourra agir correctionnellement. C'est là une différence importante avec la répression correctionnelle de la contrefaçon littéraire et artistique qui, nous l'avons vu, peut être poursuivie d'office par le Procureur de la République.

Nous renvoyons à la lecture des articles 47 et 48, qui tracent des règles relatives à la description et à la saisie des objets contrefaits. Mentionnons enfin la peine de la confiscation des objets *reconnus contrefaits* qui est prononcée même en cas d'acquittement du prévenu; ces objets sont remis en *nature* au propriétaire du brevet, indépendamment des dommages-intérêts qui peuvent lui être alloués et de l'affiche du jugement (art. 49). On peut comparer ces dispositions, relatives à la confiscation, avec celle des articles 427 et 429 du Code pénal, qui attribuent au propriétaire non pas les objets confisqués mais simplement le produit de leur vente et n'ajoutent pas aux pénalités l'affiche éventuelle du jugement de condamnation.

Il est presque inutile d'ajouter que la prescription du délit de contrefaçon en matière industrielle est de 3 ans.

Nous ne citerons que pour mémoire la circulaire du 1er octobre 1844 adressée par le Ministre de l'Agriculture et du Commerce aux préfets des départements et traçant quelques règles relatives à l'exécution de la loi dont nous venons de parler.

Cette loi du 5 juillet 1844 est, comme nous l'avons déjà exprimé, la loi fondamentale de notre matière. Elle a abrogé expressément toutes les lois antérieures, notamment les décrets des 7 janvier et 25 mai 1791, du 20 septembre 1792, et l'arrêté du 17 vendémiaire an VII dont nous avons dit quelques mots.

Quant aux lois postérieures, elles sont sans grande importance et la plupart ont un caractère transitoire.

Nous citerons la loi du 31 mai 1856, qui modifie le 3e paragraphe de l'article 32 de la loi du 5 juillet 1844. Ce paragraphe était ainsi conçu : « Sera déchu de tous ses droits le breveté qui aura introduit en France des objets fabriqués en pays étranger et semblables à ceux qui sont garantis par son brevet.

» Sont exceptés des dispositions du présent paragraphe les modèles de machines dont le Ministre de l'Agriculture et du Commerce pourra autoriser l'introduction dans le cas prévu par l'article 29. »

L'article 29 décide, nous le savons, que l'auteur d'une invention ou découverte déjà brevetée à l'étranger peut obtenir un brevet en France, mais seulement pour une durée qui ne peut excéder celle des brevets antérieurement pris à l'étranger.

La modification de la loi du 31 mai 1856 porte sur la deuxième partie du paragraphe 3 de l'article 32, dont voici le texte modifié : « Néanmoins le

Ministre de l'Agriculture, du Commerce et des Travaux publics pourra autoriser l'introduction :

» 1° Des modèles de machines ;

» 2° Des objets fabriqués à l'étranger, destinés à des expositions publiques ou à des essais faits avec l'assentiment du gouvernement. »

Le but de ce changement a été de favoriser la libre introduction en France non seulement des modèles de machines mais des autres objets fabriqués à l'étranger, lorsque cette introduction est faite en vue d'une exposition publique ou d'un essai autorisé par le gouvernement.

Il faut voir dans la disposition nouvelle non pas une faveur accordée à la fabrication étrangère mais une mesure dictée par le souci du développement de notre industrie nationale. Car la déchéance de l'ancien article 32 atteignait tout industriel, breveté pour le même objet en France et à l'étranger, et introduisant en France, même en vue d'une exposition, cet objet fabriqué à l'étranger.

Quant à l'autorisation donnée par le Ministre de l'Agriculture et du Commerce pour les modèles de machines, elle ne visait, en rapprochant l'ancien article 32 de l'article 29, que le cas où un industriel déjà breveté à l'étranger pour une machine de ce genre demandait à introduire un modèle de cette machine à l'appui de sa demande de brevet enFrance.

Une loi du 23 mai 1868 est aussi conçue dans le but de favoriser les expositions publiques, non plus, comme la précédente, en écartant des exposants la menace d'une déchéance, mais en leur accordant pour leurs inventions non brevetées une garantie particulière, tenant lieu de brevet.

Voici le texte de cette loi :

« ARTICLE 1er. — Tout Français ou étranger, auteur soit d'une découverte ou invention susceptible d'être brevetée aux termes de la loi du 5 juillet 1844, soit d'un dessin de fabrique qui doive être déposé conformément à la loi du 18 mars 1806, ou ses ayants-droit, peuvent, s'ils sont admis dans une exposition publique autorisée par l'administration, se faire délivrer par le Préfet ou le Sous-Préfet, dans le département ou l'arrondissement duquel cette exposition est ouverte, un certificat descriptif de l'objet déposé.

» ART. 2. — Ce certificat assure à celui qui l'obtient les mêmes droits que lui conférerait un brevet d'invention ou un dépôt légal de dessin de fabrique, à dater du jour de l'admission jusqu'à la fin du troisième mois qui suivra la clôture de l'exposition, sans préjudice du brevet que l'exposant peut prendre ou du dépôt qu'il peut opérer avant l'expiration de ce terme.

» ART. 3. — La demande de ce certificat doit être faite dans le premier mois, au plus tard, de l'ouverture de l'exposition. Elle est adressée à la Préfecture ou à la Sous-Préfecture et accompagnée d'une description exacte de l'objet à garantir et, s'il y a lieu, d'un plan ou d'un dessin dudit objet.

. . . .

» La délivrance du certificat est gratuite. »

Nous verrons plus tard ce qu'on entend par dessins de fabrique.

Le décret du 10 septembre 1870 est un exemple de prorogation de délai, accordé aux inventeurs brevetés qui, par suite de circonstances de force majeure, n'ont pu opérer le paiement de leur annuité à la date qui a été fixée, sous peine de déchéance, par l'article 32-1°. Le texte de ce document législatif est le suivant :

« Le Gouvernement de la Défense nationale,

» Attendu les circonstances de force majeure qui, depuis le 25 août 1870, ont empêché les inventeurs brevetés d'acquitter les annuités de leurs brevets arrivées à échéance,

» Sur le rapport du Ministre du Commerce,

» Décrète :

» Les inventeurs brevetés qui, depuis le 25 août 1870, n'auront pu acquitter les annuités de leurs brevets dans le délai légal, seront relevés de la déchéance encourue, en justifiant de l'acquittement de ces annuités avant une époque qui sera fixée ultérieurement. »

Deux autres décrets, l'un du 14 octobre 1870, l'autre du 25 janvier 1871, sont basés sur les mêmes considérations que le précédent : le premier dispense les inventeurs qui voudront prendre un brevet de verser immédiatement la première annuité de leur taxe, par dérogation provisoire à l'article 7 de la loi du 5 juillet 1844 ; le second porte : « le délai de deux ans, dans lequel les brevetés doivent, à peine de déchéance, mettre leurs inventions en exploitation en France, est prorogé de six mois à partir du 1er janvier 1871 pour les brevets pris moins de deux ans avant cette date. » Un arrêté du 5 juillet 1871 dispose que les décrets précédents des 10 septembre et 14 octobre 1870, concernant les annuités des brevets d'invention, cessent d'avoir leur effet à partir du 1er octobre 1871.

Enfin, un décret du 5 juillet 1881, qui est le dernier document législatif rendu sur la matière, interrompt provisoirement la déchéance prévue par l'article 32 § 3 de la loi du 5 juillet 1844 en ce qui concerne les inventeurs qui exposeront à l'exposition internationale d'électricité tenue à Paris en 1881.

Nous trouvons là un nouvel exemple d'une disposition de faveur prise en vue de faciliter l'accès de nos expositions publiques aux exposants étrangers et d'accroître ainsi l'essor de notre industrie nationale.

CHAPITRE II.

LÉGISLATIONS ÉTRANGÈRES. — CONVENTIONS INTERNATIONALES.

Chaque nation Européenne, si l'on excepte toutefois la Hollande et la Suisse, possède une législation relative aux brevets d'invention. Nous nous bornerons à signaler brièvement quelques particularités par lesquelles certaines de ces législations se rapprochent ou diffèrent des règles suivies en France.

L'Angleterre est le premier pays où les inventeurs furent l'objet d'une protection législative, grâce au système des patentes d'invention, créé en 1623, par le roi Jacques Ier; ces patentes avaient le tort de coûter très cher dès le principe et de n'être par conséquent accessibles qu'aux privilégiés de la fortune. Aujourd'hui, bien que le taux de ces patentes ait subi une diminution notable, il est sensiblement plus élevé qu'en France. D'ailleurs il est progressif. Fixé à 25 francs pour la patente provisoire et 75 francs pour la patente définitive, négatif ensuite jusqu'à la quatrième année, il atteint 250 francs pour chacune des quatrième, cinquième, sixième et septième années; 375 francs pour chacune des deux suivantes et 500 francs pour chacune des quatre dernières. Ce qui caractérise surtout la législation anglaise et la différentie de la nôtre, c'est l'examen rigoureux auquel est soumise toute invention avant la délivrance du brevet demandé. Le *Patent-Office* ou bureau des patentes, après avoir fait porter un sérieux contrôle sur l'existence des conditions de brevetabilité de l'invention, rend publique la demande de brevet à laquelle les intéressés peuvent faire opposition. Le brevet qui a été délivré après l'accomplissement de ces formalités, a une durée de quatorze ans. Mais ce brevet ne donne pas à l'inventeur, contrairement à la loi française, le droit absolu d'exploiter seul son invention, si bon lui semble, car il n'a pas le droit de refuser une licence d'exploitation de cette invention à qui la demande avec des offres suffisantes et des garanties de bonne exploitation. De plus le brevet peut être l'objet d'une expropriation pour cause d'utilité publique, ce qui peut paraître très raisonnable dans certains cas.

La législation anglaise a une supériorité marquée sur la loi française en ce qui concerne le système de publication des patentes. Celles-ci, en effet, sont non seulement publiées avec dessins dans un journal périodique, mais font encore l'objet de brochures séparées avec dessins et descriptions complètes, qui sont mises en vente par les soins du *Patent-Office*.

Faisons remarquer cependant que la France vient de faire un progrès en publiant depuis 1884 un « Bulletin officiel de la propriété industrielle et commerciale, » où l'on peut faire une recherche plus facile des inventions brevetées et des marques de fabrique.

En Belgique, la législation des brevets est identique à la nôtre sur la plupart des points. Elle s'en sépare en ce qui concerne le montant de la taxe, la durée du brevet, qui est de vingt ans, l'absence de déchéance pour l'introduction d'objets brevetés fabriqués à l'étranger.

En Espagne, la durée des brevets est également de vingt années et ne peut être prolongée. Elle ne peut même dépasser dix ans pour les inventions déjà brevetées à l'étranger. La plupart des autres dispositions de la loi espagnole ressemblent beaucoup à celles de la loi française.

L'Italie possède un ensemble de lois dont les règles ne font guère que reproduire les grandes lignes du système qui est en vigueur chez nous. On y trouve, en effet, la durée de quinze ans pour l'exploitation, l'exception faite pour les médicaments, les inventions illicites, les conceptions théoriques, la distinction entre les brevets d'invention, de perfectionnement, les certificats d'addition, quelques-unes de nos nullités et déchéances, etc...

La législation de l'Autriche-Hongrie se rapproche également de la nôtre sur beaucoup de points, notamment en ce qui concerne la durée des brevets, qui peut atteindre quinze années et être prolongée.

La Russie admet le principe de la délivrance des brevets d'invention et de perfectionnement pour toutes les inventions industrielles, à moins qu'elles soient insignifiantes ou présentent un danger public. Le défaut de nouveauté de l'invention, le défaut de mise en exploitation dans un certain délai sont des causes de nullité ou de déchéance du brevet.

L'Allemagne est douée d'une législation sur les brevets relativement récente, puisqu'elle date de l'année 1877.

L'examen préalable de l'invention y est en vigueur. C'est l'Office impérial des brevets (Reichs-Patentamt) qui est chargé de cette formalité ainsi que des mesures de publicité. Le public est, en outre, admis à présenter ses observations contre la délivrance des brevets ; après le délai imparti aux opposants, l'office impérial statue sur la délivrance du brevet.

La durée du brevet concédé est de quinze ans avec paiement d'une taxe annuelle et progressive.

La cession de la licence d'exploitation est obligatoire. Il en est de même, nous l'avons vu, dans la législation anglaise, qui ressemble beaucoup à celle dont nous parlons. C'est l'Office impérial qui juge les demandes en nullité ou en déchéance. Quant à l'action en contrefaçon, elle est portée devant les tribunaux ordinaires. L'élément de la mauvaise foi est nécessaire, contrairement à ce qui est admis chez nous, pour faire déclarer coupable le contrefacteur.

Après nous être occupé des principales nations européennes, il ne nous paraît pas inutile de dire quelques mots de la législation des Etats-Unis, qui peut présenter d'utiles enseignements au point de vue du mode de classification des inventions brevetées et de l'élimination de celles qui sont sans utilité, soit à cause de leur valeur insignifiante, soit à cause de leur double emploi avec des inventions précédentes.

Dès l'institution des patentes d'invention, qui remonte à l'année 1790, les Américains admirent ce principe que la patente pourrait être refusée pour insuffisance dans l'utilité ou l'importance de l'invention. En 1836, la législation confirma cette règle, et décida, pour son exécution, que toute invention présentée à l'Office des patentes serait soumise à l'examen d'une commission technique qui devrait opérer soigneusement la sélection entre les inventions nouvelles et réellement utiles et celles qui seraient dépourvues de nouveauté et d'utilité.

C'était le germe de ce système de sélection qui continue à être en vigueur de nos jours aux Etats-Unis et qui, en fortifiant les brevets, procure aux industriels une plus grande somme de crédit pour l'exploitation de leurs inventions.

Nous savons que notre loi du 5 juillet 1844 n'a institué ni sélection de ce genre ni examen préalable. Peut-être a-t-elle reculé devant les difficultés de l'exécution dans l'avenir ; car il est permis de se demander comment il est possible d'examiner notamment si une invention est nouvelle lorsque, dans les grands pays industriels, les brevets déjà pris se comptent par centaines de mille.

Voyons donc maintenant comment peut fonctionner avec quelques chances de succès une institution pareille à celle qui existe aux Etats-Unis.

Hâtons-nous de dire que la régularité de ce fonctionnement est due à un classement méthodique et soigneux des brevets existants. Nous empruntons ce qui va suivre à un article scientifique publié au cours de l'année 1894 et paru dans un journal très répandu de la région du Sud-Ouest :

« L'office des patentes américaines, à Washington, dont l'organisation peut passer pour un modèle, répartit les brevets en 200 classes et plus de 4,000 sous-classes. Le très grand nombre de ces dernières réduit à peu de chose la quantité des patentes qui trouvent place en chaque sous-classe ; si à chaque patente correspond une fiche de spécification, comme il est probable, on a bientôt fait de feuilleter les cent ou les deux cents fiches d'une sous-classe, et promptement on se rend compte si la découverte, le procédé présentés comme nouveaux n'ont pas été déjà présentés.

» L'appréciation sur la valeur ou la non-valeur d'une nouveauté est chose plus délicate : à côté des projets véritablement inapplicables, des propositions qui jurent avec les lois mécaniques les plus certaines et les mieux vérifiées, il doit se présenter assez souvent des cas douteux, des projets qui méritent au moins d'être discutés, et la discussion ne peut être sérieuse, ses conclusions valables, les droits de l'inventeur respectés, que si l'examen est conduit par des hommes très compétents, d'une valeur et d'une largeur d'esprit reconnues.

» A l'office des patentes de Washington, le travail d'examen est réparti entre 32 commissions spéciales d'ingénieurs et de spécialistes ayant chacune dans ses attributions un certain nombre de classes bien déterminées. Aucune décision contraire à l'obtention d'un brevet n'est prise sans que l'inventeur soit admis à la discuter et, s'il le peut, à la faire modifier favorablement. Outre les commissions d'examen, l'office comprend encore un bureau des conflits, qui étudie et tranche les questions de priorité entre deux ou plusieurs inventeurs présentant simultanément des demandes de patente sur un même objet. Un autre important bureau est celui de la publicité, qui prépare et imprime chaque semaine un journal officiel des patentes nouvelles, avec dessins, journal qui est envoyé gratuitement à un grand nombre de bibliothèques, et que chacun d'ailleurs peut se procurer pour 10 à 12 « cents » (à peu près 50 ou 60 centimes).

» Quelques chiffres donneront une idée de l'importance prise aux Etats-Unis par l'office des patentes ; il occupe 600 employés, dont un très grand nombre d'employés supérieurs, ingénieurs et spécialistes ; de 1837 à 1890, l'office a dépensé 110 millions de francs, et les recettes de la période correspondante ont atteint 130 millions.

» Quant au nombre de brevets pris annuellement aux Etats-Unis, il était d'environ 700 en 1836, oscillait entre 900 et 1,000 de 1845 à 1850, suivant une progression rapide à partir de cette dernière date, et touchant presque à 5,000 en 1859. Un moment arrêté au début de la guerre de sécession, le mouvement ascensionnel reprenait bientôt très rapide, et l'on délivrait près de 14,000 brevets en 1868 ; après une période de calme, entre 1870 et 1880, on constate, à partir de 1880, une nouvelle et très rapide augmentation due évidemment aux patentes prises pour les applications de l'électricité ; pour 1890, on compte 26,000 brevets. Le graphique d'où je tire ces indications ne spécifie pas avec précision s'il s'agit des patentes délivrées ou seulement des demandes de patentes faites dans l'année ; l'énormité du chiffre, comparé au nombre de brevets pris en Angleterre, en Allemagne, en France, tendrait à faire croire qu'il s'agit des demandes et non des patentes délivrées. »

Il nous reste à énumérer les principales conventions qui sont intervenues entre la France et les nations voisines pour la protection réciproque de la propriété industrielle.

Nous citerons le décret du 31 mai 1861 portant promulgation de la convention conclue, le 1er mai 1861, entre la France et la Belgique, pour la garantie réciproque de la propriété littéraire, artistique et *industrielle*. Cette convention a trait particulièrement à la propriété des marques de fabrique et dessins industriels dont nous parlerons dans le chapitre suivant.

Peu de temps après, une convention analogue entre la France et la Suisse est promulguée par décret du 28 novembre 1864, qui est suivi bientôt d'un autre décret du 30 juin 1865, relatif à l'exécution du précédent.

Le 17 mai 1882, un décret promulgue une nouvelle convention entre la France et la Belgique, signée le 31 octobre 1881, et relative à la propriété industrielle.

De même une convention du 23 février 1882 intervient encore entre la France et la Suisse, et doit sa promulgation à un décret du 13 mai 1882. Nous en extrayons ce qui suit :

« Article 1er. — Les citoyens de chacun des deux Etats contractants jouiront réciproquement de la même protection que les nationaux pour tout ce qui concerne la propriété des marques de fabrique et de commerce, sous la condition de remplir les formalités prescrites à cet égard par la législation respective des deux pays.

» Les hautes parties contractantes se feront connaître mutuellement les formalités exigées et se réservent de les modifier, si elles le jugent nécessaire.

» Art. 2. — Les marques de fabrique et de commerce auxquelles s'applique l'article précédent sont celles qui, dans les deux pays, sont légitimement acquises aux industriels ou négociants qui en usent, c'est-à-dire que le caractère d'une marque française doit être apprécié en Suisse d'après la loi française, de même que le caractère d'une marque suisse doit être jugé en France d'après la loi fédérale suisse.

» Art. 3. — Les citoyens de l'un des deux Etats contractants jouiront également dans l'autre de la même protection que les nationaux pour tout ce qui concerne la propriété du nom commercial ou raison de commerce, sans être soumis à l'obligation d'en faire le dépôt, que le nom commercial ou la raison de commerce fasse ou non partie d'une marque de fabrique ou de commerce. »

Ces articles sont suivis de l'exposé des dispositions applicables, en France et en Suisse respectivement, aux dessins et modèles industriels.

Mais les décrets que nous venons de citer n'ont plus qu'un intérêt rétrospectif.

Un seul document mérite de retenir notre attention ; c'est la convention du 20 mars 1883, en vertu de laquelle la France, la Belgique, le Brésil, l'Espagne, le Guatemala, l'Italie, les Pays-Bas, le Portugal, le Salvador, la Serbie et la Suisse ont constitué une union internationale pour la protection de la propriété industrielle.

Il est nécessaire, croyons-nous, de citer les principales dispositions de cette convention importante, qui est encore en vigueur de nos jours et dont l'intérêt pratique est incontestable :

« Article 1er. — Les gouvernements de la Belgique, du Brésil, de l'Espagne, de la France, du Guatemala, de l'Italie, des Pays-Bas, du Portugal, du Salvador, de la Serbie et de la Suisse sont constitués à l'état d'union pour la protection de la propriété industrielle.

» Art. 2. — Les sujets ou citoyens de chacun des Etats contractants jouiront, dans tous les autres Etats de l'Union, en ce qui concerne les brevets d'invention, les dessins ou modèles industriels, les marques de fabrique ou de commerce et le nom commercial, des avantages que les lois respectives accordent actuellement ou accorderont par la suite aux nationaux.

» En conséquence, ils auront la même protection que ceux-ci et le même recours légal contre toute atteinte portée à leurs droits, sous réserve de l'accomplissement des formalités et des conditions imposées aux nationaux par la législation intérieure de chaque Etat.

» Art. 3. — Sont assimilés aux sujets ou citoyens des Etats contractants les sujets ou citoyens des Etats ne faisant pas partie de l'Union, qui sont domiciliés ou ont des établissements industriels ou commerciaux sur le territoire de l'un des Etats de l'Union.

» Art. 4. — Celui qui aura régulièrement fait le dépôt d'une demande de brevet d'invention, d'un dessin ou modèle industriel, d'une marque de fabrique ou de commerce, dans l'un des Etats contractants, jouira, pour effectuer le dépôt dans les autres Etats, et sous réserve des droits des tiers, d'un droit de priorité pendant les délais déterminés ci-après.

» En conséquence, le dépôt ultérieurement opéré

dans l'un des autres Etats de l'Union avant l'expiration de ces délais ne pourra être invalidé par des faits accomplis dans l'intervalle, soit notamment par un autre dépôt, par la publication de l'invention ou son exploitation par un tiers, par la mise en vente d'exemplaires du dessin ou du modèle, par l'emploi de la marque.

» Les délais de priorité mentionnés ci-dessus seront de six mois pour les brevets d'invention, et de trois mois pour les dessins ou modèles industriels, ainsi que pour les marques de fabrique ou de commerce. Ils seront augmentés d'un mois pour les pays d'outre-mer.

» Art. 5. — L'introduction, par le breveté, dans le pays où le brevet a été délivré, d'objets fabriqués dans l'un ou l'autre des Etats de l'Union, n'entraînera pas la déchéance.

» Toutefois le breveté restera soumis à l'obligation d'exploiter son brevet conformément aux lois du pays où il introduit les objets brevetés.

» Art. 6. — Toute marque de fabrique ou de commerce régulièrement déposée dans le pays d'origine sera admise au dépôt et protégée telle quelle dans tous les autres pays de l'Union.

» Sera considéré comme pays d'origine le pays où le déposant a son principal établissement.

» Si ce principal établissement n'est point situé dans un des pays de l'Union, sera considéré comme pays d'origine celui auquel appartient le déposant.

» Le dépôt pourra être refusé, si l'objet pour lequel il est demandé est considéré comme contraire à la morale ou à l'ordre public.

» Art. 7. — La nature du produit sur lequel la

marque de fabrique ou de commerce doit être apposée ne peut, dans aucun cas, faire obstacle au dépôt de la marque.

» Art. 8. — Le nom commercial sera protégé dans tous les pays de l'Union sans obligation de dépôt, qu'il fasse ou non partie d'une marque de fabrique ou de commerce.

» Art. 9. — Tout produit portant illicitement une marque de fabrique ou de commerce, ou un nom commercial, pourra être saisi, à l'importation, dans ceux des Etats de l'Union dans lesquels cette marque ou ce nom commercial ont droit à la protection légale.

» La saisie aura lieu à la requête soit du Ministère public, soit de la partie intéressée, conformément à la législation intérieure de chaque Etat.

. . . .

. . . .

» Art. 12. — Chacune des hautes parties contractantes s'engage à établir un service spécial de la propriété industrielle et un dépôt central, pour la communication au public des brevets d'invention, des dessins ou modèles industriels et des marques de fabrique ou de commerce.

» Art. 13. — Un office international sera organisé sous le titre de « Bureau international de l'union pour la protection de la propriété industrielle. »

» Ce bureau, dont les frais seront supportés par les administrations de tous les Etats contractants, sera placé sous la haute autorité de l'administration supérieure de la Confédération Suisse, et fonctionnera sous sa surveillance.

» Les attributions en seront déterminées d'un commun accord entre les Etats de l'Union.

» Art. 14. — La présente convention sera soumise à des révisions périodiques en vue d'y introduire les améliorations de nature à perfectionner le système de l'union.

» A cet effet, des conférences auront lieu successivement dans l'un des Etats contractants, entre les délégués desdits Etats.

» La prochaine réunion aura lieu en **1885**, à Rome.

» Art. 15. — Il est entendu que les hautes parties contractantes se réservent respectivement le droit de prendre séparément entre elles des arrangements particuliers pour la protection de la propriété industrielle, en tant que ces arrangements ne contreviendraient point aux dispositions de la présente convention.

» Art. 16. — Les Etats qui n'ont point pris part à la présente convention seront admis à y adhérer sur leur demande.

. . . . »

Le protocole de clôture règle, dans son article 6, les attributions du Bureau international de l'union. Nous en extrayons ce qui suit :

« Le Bureau international centralisera les renseignements de toute nature relatifs à la protection de la propriété industrielle et les réunira en une statistique générale qui sera distribuée à toutes les administrations. Il procèdera aux études d'utilité commune intéressant l'union et rédigera, à l'aide des documents qui seront mis à sa disposition par les diverses administrations, une feuille périodique en langue française, sur les questions concernant l'objet de l'union.

» Les numéros de cette feuille, de même que tous les documents publiés par le bureau international, seront répartis entre les administrations des Etats de l'union.

» Les exemplaires et documents supplémentaires qui seraient réclamés, soit par lesdites administrations, soit par des sociétaires ou des particuliers, seront payés à part.

» Le bureau international devra se tenir en tout temps à la disposition des membres de l'union, pour leur fournir, sur les questions relatives au service international de la propriété industrielle, les renseignements spéciaux dont ils pourraient avoir besoin.

» L'administration du pays où doit siéger la prochaine conférence préparera, avec le concours du bureau international, les travaux de cette conférence.

» Le directeur du bureau international assistera aux séances des conférences et prendra part aux discussions sans voix délibérative. Il fera, sur sa gestion, un rapport annuel qui sera communiqué à tous les membres de l'Union.

» La langue officielle du bureau international sera la langue française. »

TITRE II.

DES MARQUES DE FABRIQUE, DESSINS DE FABRIQUE ET AUTRES OBJETS QUI PEUVENT ENTRER DANS LA PROPRIÉTÉ INDUSTRIELLE.

CHAPITRE UNIQUE.

LÉGISLATION FRANÇAISE.

La propriété industrielle ne comprend pas seulement les inventions que les brevets permettent de protéger contre les contrefacteurs ; il faut encore y faire entrer différents signes distinctifs qui servent à différentier les uns des autres les produits fabriqués ou les objets de commerce en général et qui, faisant connaître leur lieu d'origine, le nom de leur fabricant ou de l'établissement industriel d'où ils émanent, les accompagnant partout où ils sont vendus ou consommés, constituent pour ainsi dire leur acte d'état-civil.

Ces signes ont reçu le nom de marques de fabrique ou de commerce.

En dehors de ces signes, certains autres, tels que les dessins de fabrique, les enseignes, l'achalandage, les médailles et récompenses industrielles ont été considérés, à juste titre, à cause de leur caractère particulier, de leur nature originale ou de la confiance qui peut s'y rattacher, comme entrant dans le patrimoine industriel de ceux qui les exposent au public.

Il fallait protéger les uns et les autres contre les usurpations ou les imitations frauduleuses, si l'on voulait permettre aux fabricants consciencieux, aux établissements industriels, aux maisons de commerce de renom de maintenir intacte une réputation souvent ancienne et méritée et de ne pas voir confondre leurs produits avec des objets falsifiés ou d'une qualité inférieure.

Nous allons examiner bientôt les règles édictées dans ce but par la législation actuellement en vigueur.

Mais auparavant jetons un rapide coup-d'œil sur quelques-unes des lois, aujourd'hui abrogées, qui ont précédé celles qui nous régissent.

La Révolution, en proclamant la liberté de l'industrie, avait aboli la protection des signes distinctifs qui, bien que très imparfaitement organisée, existait néanmoins sous le régime antérieur.

Il s'ensuivit entre les objets fabriqués ou de commerce, bons et mauvais, une confusion tellement préjudiciable à l'intérêt public et à la bonne renommée des industriels ou commerçants, qu'une réaction ne tarda pas à se produire.

Mais hâtons-nous de dire que, comme toutes les réactions trop violentes, celle-là dépassa la limite. En effet, la loi du 22 germinal an XI (12 avril 1803), qui fut le signal de l'état de choses nouveau, apparut marquée de l'empreinte d'un rigorisme excessif; car elle assimila, au point de vue de la répression, la contrefaçon des marques de fabrique au faux en écritures privées.

Mous reproduisons, à titre de document, les articles 16, 17 et 18 de cette loi :

« Art. 16. — La contrefaçon des marques particulières que tout manufacturier ou artisan a le droit d'appliquer sur les objets de sa fabrication donnera lieu : 1° à des dommages-intérêts envers celui dont la marque aura été contrefaite ; 2° à l'application des peines prononcées contre le faux en écritures privées.

» Art. 17. — La marque sera considérée comme contrefaite, quand on y aura inséré ces mots : *façons de*.... et à la suite le nom d'un autre fabricant ou d'une autre ville.

» Art. 18. — Nul ne pourra former une action en contrefaçon de sa marque, s'il ne l'a préalablement fait connaître d'une manière légale, par le dépôt d'un modèle au greffe du Tribunal de commerce d'où relève le chef-lieu de la manufacture ou de l'atelier. »

On connait la sévérité de la pénalité qui s'attache au crime de faux en écritures privées puni de la peine de quatre années de fer sous l'empire de la législation antérieure, et de la peine de la réclusion à partir de l'année 1810, époque de la promulgation du Code pénal.

Cette rigueur de la loi de germinal an XI fut adoucie par un décret du 5 septembre 1810 en ce qui concerne les marques employées par les fabricants de quincaillerie ou de coutellerie ; en effet, ce texte législatif frappe la contrefaçon des marques que ces fabricants avaient été autorisés à mettre sur leurs ouvrages d'une amende de 300 fr., et, en cas de récidive, d'une amende double, aggravée par la confiscation et un emprisonnement de six mois.

On a peine à comprendre l'exception faite en faveur de cette catégorie spéciale de fabricants et encore davantage la disproportion des peines édictées par cette loi et par sa devancière pour la répression d'un fait délictueux identique.

Une loi du 28 juillet 1824 décida que l'altération ou l'apposition frauduleuse soit du nom d'un fabricant ou d'une raison commerciale sur des objets fabriqués, soit du nom d'un lieu autre que celui de la fabrication, cesserait d'être soumis au système répressif, organisé par la loi du 22 germinal an XI, pour être désormais punissable, selon l'article 423 du Code pénal, qui frappe, on le sait, d'un emprisonnement de trois mois à un an et d'une amende dont le taux est variable, la tromperie sur la qualité ou la quantité de la chose vendue.

Cependant la législation antérieure sur les marques de fabrique n'en continuait pas moins de subsister avec son défaut d'uniformité et l'exagération manifeste de sa pénalité.

C'est dans le but de remédier à cet état de choses, en accordant aux marques de fabrique une protection plus uniforme et en proportionnant la répression à l'importance du fait délictueux, qu'une loi fut élaborée et promulguée le 23 juin 1857. C'est la loi fondamentale de notre matière et celle qui est aujourd'hui en vigueur. C'est pourquoi nous allons faire une analyse sommaire de ses dispositions.

Faisons observer, au préalable, qu'on peut,

d'après ce que nous avons dit plus haut, définir la marque de fabrique et de commerce « tout signe servant à distinguer les produits d'une fabrique ou les objets d'un commerce. »

La loi du 23 juin 1857 proclame, en premier lieu, le caractère *facultatif* de la marque.

La question avait été très débattue : car les partisans de la marque obligatoire étaient nombreux et faisaient valoir surtout cette considération que la mauvaise qualité de produits non revêtus d'une marque et qui, après avoir été fabriqués en France, étaient exportés à l'étranger, pouvait compromettre au dehors le bon renom de notre industrie nationale.

L'obligation pour chaque fabrique de marquer son produit devait être seul, d'après eux, d'une efficacité réelle pour prévenir la mauvaise fabrication en répartissant les responsabilités. Cette manière de voir ne prévalut pas : on lui opposa, en effet, d'autres arguments d'une réelle valeur ; on observa notamment, avec raison, que rendre la marque obligatoire serait revenir au régime qui était en vigueur antérieurement à la Révolution et qui tendait à rendre l'Etat responsable de la qualité des produits portant son estampille ; que d'ailleurs le consommateur était intéressé souvent à pouvoir discerner, grâce au criterium de la marque, les bonnes marchandises des mauvaises.

Nous partageons cette manière de voir et trouvons que le législateur a sagement agi en laissant aux industriels et commerçants la faculté de marquer ou non leurs produits et les objets de leur commerce. Leur intérêt bien entendu sera leur meilleur guide à ce point de vue, de même qu'il appartiendra au public de discerner si la confiance qui s'attache à une marque connue doit être, pour une acquisition, le plus sûr garant d'un choix judicieux et exclusif de tout mécompte ultérieur. Mais cette liberté concédée à l'industrie ne va pas sans quelques exceptions commandées par un intérêt général : c'est ainsi que la loi du 19 brumaire an VI impose aux fabricants d'ouvrages d'or et d'argent l'obligation de faire poinçonner leurs produits pour faciliter la surveillance du titre et la perception des droits de garantie ; que l'ordonnance du 29 octobre 1846 prescrit aux pharmaciens de marquer d'une étiquette, portant leur nom et domicile, les substances vénéneuses qu'ils délivrent. Il en est de même de la loi du 28 avril 1816 qui, dans son article 59, oblige les fabricants de cotons filés et de tissus de coton et de laine à imprimer sur leurs produits une marque et un numéro de fabrication, afin de les distinguer des produits étrangers similaires prohibés.

Nous n'insisterons pas sur ces diverses lois dont les dispositions sont, nous le répétons, tout à fait spéciales et d'ordre exceptionnel. D'ailleurs la loi du 23 juin 1857, prévoyant d'autres exceptions de ce genre qui pourraient se présenter dans l'avenir, prend soin de déclarer dans son article 1er que « des règlements d'administration publique peuvent, exceptionnellement, déclarer la marque obligatoire pour les produits qu'ils déterminent. »

Le même article 1er donne ensuite l'énumération ci-après des marques de fabrique et de commerce :

« Sont considérés comme marques de fabrique et de commerce les noms sous une forme distinctive, les dénominations, emblèmes, empreintes, timbres, cachets, vignettes, reliefs, lettres, chiffres, enveloppes et tous autres signes servant à distinguer les produits d'une fabrique ou les objets d'un commerce. »

Cette énumération n'est pas limitative, comme il est aisé de le comprendre d'après cette expression « et tous autres signes » employée dans sa partie finale. Le législateur a simplement énuméré les signes les plus usités.

Que doit-on entendre par ces mots « les noms sous une forme distinctive » qui figurent dans l'énumération sus-visée ? Nous savons qu'une loi du 28 juillet 1824, que nous venons de mentionner, frappe des peines de l'article 423 du Code pénal les usurpations, retranchements et altérations des « noms » de fabricants ou commerçants. Faut-il la considérer comme faisant double emploi avec la loi actuelle dont le système répressif, que nous examinerons bientôt, atteint la contrefaçon portant sur « les noms sous une forme distinctive ? » Non évidemment.

La loi de 1824 est maintenue et sert toujours à protéger les noms des commerçants, indépendamment de toute condition de dépôt ou de forme particulière, tandis que la loi nouvelle protège le nom envisagé comme marque de fabrique proprement dite, c'est-à-dire suivi d'un signe distinctif, servant à éviter toute confusion, et elle ne le protège comme tel que si la formalité du dépôt, dont nous allons parler, a été remplie.

Ce qui doit particulariser la marque, c'est son caractère spécal et nouveau, grâce auquel un produit ou un objet de commerce se trouve nettement distingué de produits ou objets similaires provenant d'une autre fabrique ou maison de commerce. Prenons, par exemple, une dénomination ; elle ne doit pas être tirée du langage vulgaire et applicable à toute une nature de produits. Elle doit être spéciale et nouvelle. C'est ainsi que la Cour de Cassation, par un arrêt du 14 novembre 1873, a pu reconnaître la qualité de marque de fabrique à un produit portant la dénomination *aqua divina*. Au surplus, il sera utile de consulter, à ce point de vue, les décisions de la jurisprudence.

Nous avons dit que le « nom sous une forme distinctive » est soumis à la formalité du dépôt. Il en est de même pour toutes les autres marques de fabrique, ainsi que cela ressort de l'article 2 de notre loi, qui est ainsi conçu :

« Art. 2. — Nul ne peut revendiquer la propriété exclusive d'une marque, s'il n'a déposé deux exemplaires du modèle de cette marque au greffe du Tribunal de Commerce de son domicile. »

Si nous consultons l'exposé des motifs qui a précédé le vote de cet article, nous constatons que l'intention du législateur a été de rendre le dépôt simplement *déclaratif* et non attributif de la propriété d'une marque. De là résulte cette conséquence que le propriétaire d'une marque ne peut en être dépouillé, même antérieurement au dépôt ; et, qu'en cas de concurrence déloyale, il a la ressource de faire appel à l'article 1382 du Code civil. Mais pour bénéficier du système protecteur, organisé par la loi de 1857, il devra accomplir la formalité préalable du dépôt.

La propriété de la marque est conservée pendant quinze ans à partir du dépôt ; mais celui-ci peut être renouvelé indéfiniment pour de nouveaux termes de quinze années. Quant au droit perçu pour la rédaction de chaque procès-verbal de dépôt d'une marque, il est des plus modérés puisqu'il est fixé à 1 fr. non compris les frais de timbre et d'enregistrement (articles 3 et 4).

C'est le dépôt qui rend le fabricant ou le commerçant propriétaire à l'égard de tous. Des deux exemplaires déposés, l'un reste au greffe du Tribunal de Commerce du domicile du déposant et doit être collé par le greffier sur une des feuilles d'un registre tenu à cet effet, l'autre est transmis, dans les cinq jours au plus tard, au Ministère du Commerce, pour être déposé au Conservatoire des Arts et Métiers. Nous renvoyons, d'ailleurs, pour toutes formalités à remplir lors du dépôt, au décret du 26 juillet 1858 et à l'Instruction Ministérielle du 8 septembre 1858, sur lesquels les intéressés devront porter leur attention. Ils y trouveront notamment les indications relatives à la dimension du papier sur lequel ils doivent établir le modèle de la marque, aux dessins figuratifs de cette marque, à la légende explicative qui doit être fournie, etc.....

Ajoutons que le décret précité du 26 juillet 1858, qui est un décret d'administration publique rendu pour l'exécution de la loi qui nous occupe, décide, dans son article 9, que « les registres, procès-verbaux et répertoires réunis au dépôt central du Conservatoire des Arts et Métiers sont communiqués sans frais. » Nous avons, dans le titre Ier de cette étude, parlé de la publicité organisée, d'autre part, par le Bureau de la propriété industrielle et commerciale.

Le dépôt sert donc à révéler au public la propriété de la marque. Dès lors, tout fait d'usurpation commis contre cette propriété pourra être légitimement réprimé, grâce à la pénalité édictée par les articles 7 à 15 de la loi de 1857. Nous reproduisons intégralement le texte des articles 7, 8 et 9, qui établissent trois catégories de peines, proportionnées à la gravité des faits délictueux :

« Art. 7. — Sont punis d'une amende de 50 fr. à 3,000 fr., et d'un emprisonnement de trois mois à trois ans, ou de l'une de ces peines seulement :

» 1° Ceux qui ont contrefait une marque ou fait usage d'une marque contrefaite ;

» 2° Ceux qui ont frauduleusement apposé sur leurs produits ou les objets de leur commerce une marque appartenant à autrui ;

» 3° Ceux qui ont sciemment vendu ou mis en vente un ou plusieurs produits revêtus d'une marque contrefaite ou frauduleusement apposée.

» Art. 8. — Sont punis d'une amende de 50 fr. à 2,000 fr., et d'un emprisonnement d'un mois à un an, ou de l'une de ces peines seulement :

» 1° Ceux qui, sans contrefaire une marque, en ont fait une imitation frauduleuse de nature à tromper l'acheteur, ou ont fait usage d'une marque frauduleusement imitée ;

» 2° Ceux qui ont fait usage d'une marque portant des indications propres à tromper l'acheteur sur la nature du produit ;

» 3° Ceux qui ont sciemment vendu ou mis en

vente un ou plusieurs produits revêtus d'une marque frauduleusement imitée ou portant des indications propres à tromper l'acheteur sur la nature du produit.

» Art. 9. — Sont punis d'une amende de 50 fr. à 1,000 fr., et d'un emprisonnement de quinze jours à six mois, ou de l'une de ces peines seulement :

» 1° Ceux qui n'ont pas apposé sur leurs produits une marque déclarée obligatoire ;

» 2° Ceux qui ont vendu ou mis en vente un ou plusieurs produits ne portant pas la marque déclarée obligatoire pour cette espèce de produits ;

» 3° Ceux qui ont contrevenu aux dispositions des décrets rendus en exécution de l'article 1er de la présente loi. »

Pour faire comprendre clairement le but et la portée des articles 7 et 8, nous ne saurions mieux faire que de rappeler les explications contenues dans l'exposé des motifs. Elles se résument ainsi :

« L'article 7 punit trois délits :

» 1° La contrefaçon d'une marque, c'est-à-dire sa reproduction aussi parfaite qu'on aura pu y parvenir ;

» 2° L'apposition frauduleuse de la marque d'autrui, c'est-à-dire le fait de celui qui s'est procuré la marque véritable d'une autre personne et s'en est servi pour marquer ses produits ;

» 3° La vente et la mise en vente de produits délictueux : c'est là le fait le plus important à punir ; la fraude serait restreinte sans le débit qui la rend productive. »

» Il est superflu de rappeler que les dispositions de droit commun sur la complicité, et, notamment, la complicité par recel, s'appliquent à ces délits comme à tous les autres.

» L'article 7 punit la contrefaçon, c'est-à-dire la reproduction complète, brutale de la marque. Mais la fraude cherche toujours à se soustraire à l'application de la loi. On ne contrefait pas une marque, on l'imite. Si elle consiste dans des lettres, on prend d'autres lettres, mais affectant les mêmes formes ; un vernis, des couleurs dissimuleront ces différences, ou bien encore on se sert de la même dénomination qu'un fabricant, en ajoutant, sous une forme plus ou moins perceptible, le mot *façon*.

» Ces fraudes sont innombrables et se cachent de mille manières : mais les magistrats sauront les reconnaître, et ils auront le moyen de les atteindre efficacement. Le premier paragraphe de l'article 8, en effet, punit ceux qui, sans contrefaire une marque, en ont fait une imitation frauduleuse de nature à tromper l'acheteur, ou ont fait usage d'une marque frauduleusement imitée ; les deux autres paragraphes, que nous acceptons, non sans regret, punissent ceux qui, au moyen d'une marque, ont trompé ou tenté de tromper l'acheteur sur la nature du produit, et ceux qui ont vendu des produits ainsi marqués.

» Lorsque l'usurpation d'un lieu d'origine aura pour effet d'établir une confusion avec les marques d'autres commerçants, ceux-ci trouveront, dans les articles 7 et 8, les moyens de poursuivre tout ce qui serait une contrefaçon ou une imitation.

» Le droit commun, enfin, autorise à demander

la réparation du préjudice éprouvé par tout fait de concurrence déloyale. »

Concernant l'article 9, bornons-nous à faire remarquer qu'il a pour objet de donner une sanction aux lois spéciales dont nous avons précédemment parlé, et qui rendent la marque obligatoire pour certains produits. Il a été édicté, en outre, pour l'exécution des règlements d'administration publique qui pourraient ultérieurement intervenir, en vertu de l'article 1er, et imposeraient la marque à d'autres espèces de produits.

Les articles 10, 11 et 12, renouvelés de dispositions identiques contenues dans la loi du 5 juillet 1844 sur les brevets d'invention, édictent le principe du non cumul des peines, leur élévation au double en cas de récidive, c'est-à-dire en cas de condamnation prononcée, selon la loi de 1857, dans les cinq années antérieures, et enfin l'application facultative de l'article 463 du Code pénal à tous les délits dont nous nous occupons.

Les articles 13, 14 et 15 établissent, en outre, certaines peines accessoires, telles que la confiscation, l'affiche du jugement, etc., que les tribunaux peuvent ajouter au principal de la condamnation.

Aux termes de l'article 13, les délinquants peuvent non seulement être frappés d'une punition principalement morale, qui consiste à être privés, pendant dix années au plus, du droit de participer aux élections des tribunaux et chambres de commerce, des chambres consultatives des arts et manufactures et des conseils de prud'hommes, mais encore ils peuvent être condamnés à faire afficher, à leurs frais, le jugement dans les lieux déterminés par le tribunal et à le faire insérer, intégralement ou par extrait, dans des journaux désignés.

C'est par application de cette disposition que le tribunal de police correctionnelle de Dax, par un jugement du 14 juin 1894, rendu sous la présidence de M. Lachaze, a condamné un sieur S. ., cafetier, à 500 francs d'amende et à l'insertion intégrale du jugement dans un journal de Dax et dans un journal de Mont-de-Marsan ; ce délinquant avait été poursuivi par la maison Violet, de Thuir (Pyrénées-Orientales), en contrefaçon d'étiquettes apposées sur un produit liquide qu'il vendait aux consommateurs sous la dénomination de *Byrrh*.

La condamnation à l'affiche et à l'insertion a un double effet : celui de prémunir les consommateurs contre les fraudeurs, et celui d'infliger à ces derniers une espèce de châtiment moral, notamment lorsqu'on leur impose l'obligation de faire afficher le jugement sur la devanture de leur propre établissement ou magasin.

Quant à la confiscation des produits revêtus d'une marque reconnue contraire aux dispositions des articles 7 et 8, elle peut être prononcée, dans tous les cas, par les tribunaux qui ont, à cet égard, un pouvoir souverain d'appréciation ; elle peut être ordonnée même en cas d'acquittement du prévenu de bonne foi. La propriété des produits ainsi confisqués peut être attribuée par le tribunal au propriétaire de la marque à titre de dommages-intérêts. Il en est de même pour les instruments et ustensiles ayant spécialement servi à commettre le délit (art. 14).

Mais c'est une *obligation* pour les tribunaux d'ordonner toujours la destruction des marques déclarées frauduleuses.

Enfin, la confiscation des produits non revêtus d'une marque déclarée obligatoire peut, aux termes de l'article 15, être prononcée en cas de récidive.

Les articles 16 à 18 indiquent la juridiction compétente, la procédure à suivre et les mesures conservatoires que peut prendre le plaignant préalablement à l'assignation.

Les procès relatifs aux marques de fabrique peuvent être intentés civilement ou correctionnellement.

Si le litige est purement civil, c'est au tribunal civil qu'appartiendra le soin de le résoudre : la marque est, en effet, une propriété, et l'on sait que les questions concernant la propriété sont soumises à la connaissance des tribunaux civils et non des tribunaux de commerce ou de conseils de prud'hommes. On avait cependant parlé d'attribuer la compétence, dans ce cas spécial, à la fois aux tribunaux civils et aux tribunaux de commerce, avec droit d'option entre ces deux juridictions ; mais sans parler de l'anomalie d'une pareille proposition et des conséquences fâcheuses qui auraient pu résulter de son accueil, il fut déclaré dans l'exposé des motifs que ce droit d'option pouvait avoir comme résultat de soumettre, contre leur gré, des agriculteurs non commerçants à la juridiction commerciale. Car nous verrons bientôt que l'article 20 étend la loi aux produits de l'agriculture.

Notons toutefois que le tribunal de commerce peut être compétent entre commerçants lorsqu'il s'agit non pas de faits d'usurpation ou de contrefaçon de marques, mais d'actes de concurrence déloyale.

Devant les tribunaux civils, l'action est jugée *sommairement*, c'est-à-dire sans écritures.

Quand l'action est engagée correctionnellement, la juridiction compétente est, comme pour tous les délits, le tribunal de police correctionnelle, et si le prévenu soulevait pour sa défense des questions relatives à la propriété de la marque, ce tribunal répressif serait compétent pour statuer sur l'exception (art. 16). Nous avons rencontré une disposition identique dans l'article 46 de la loi du 5 juillet 1844, à propos des exceptions soulevées en matière de brevets.

Dans la pratique, c'est généralement la partie lésée qui introduit l'action correctionnelle, malgré le droit concurrent du ministère public. Dans ce but on lui permet de prendre une mesure conservatoire et d'instruction que nous avons déjà eu l'occasion de rencontrer en matière de brevets : elle consiste à faire procéder par un huissier à la description détaillée, avec ou sans saisie, des objets qu'elle prétend marqués à son préjudice. Mais, au préalable, le plaignant doit solliciter une ordonnance du président du tribunal ou, à défaut, du juge de paix du canton, qu'il peut obtenir sur simple requête. Si le juge permet la saisie, il peut requérir un cautionnement de la part du demandeur. Enfin, il doit être laissé copie de la procédure au détenteur des objets décrits ou saisis, à peine de nullité et de dommages-intérêts contre l'huissier (art. 17). De plus, la description ou saisie est nulle si le requérant ne s'est pas pourvu dans la quinzaine devant la juridiction compétente (art. 18).

Nous venons de dire que l'article 20 étend la loi aux produits de l'agriculture ; il la déclare notamment applicable aux vins, eaux-de-vie et autres boissons, aux bestiaux, grains et farines.

L'article 19 est destiné à empêcher l'entrée en France des produits étrangers portant soit la marque, soit le nom d'un fabricant résidant en France, soit l'indication d'un nom ou du lieu d'une fabrique française.

Le but de cette prohibition est de protéger les fabricants nationaux dont on usurpe le nom et les marques contre des fraudes qui s'exercent le plus souvent avec des marchandises de mauvaise qualité.

Il nous reste, pour terminer cet examen sommaire de la loi de 1857, à citer les dispositions relatives aux étrangers. Elles sont contenues dans les articles 5 et 6 ainsi conçus :

« Art. 5. — Les étrangers qui possèdent en France des établissements d'industrie ou de commerce jouissent, pour les produits de leurs établissements, du bénéfice de la présente loi, en remplissant les formalités qu'elle prescrit.

» Art. 6. — Les étrangers et les Français dont les établissements sont situés hors de France jouissent également du bénéfice de la présente loi, pour les produits de ces établissements, si, dans les pays où ils sont situés, des conventions diplomatiques ont établi la réciprocité pour les marques françaises.

» Dans ce cas, le dépôt des marques étrangères a lieu au greffe du Tribunal de commerce du département de la Seine. »

On le voit, la loi française est très libérale à l'égard des étrangers dont les établissements sont situés en France, puisqu'elle les admet à bénéficier de ses dispositions protectrices au même titre que les nationaux. Quant à la réciprocité qu'elle exige de la part des autres Etats, en ce qui concerne les étrangers dont les établissements sont situés hors de France, peut-on songer à la trouver blâmable ?

Cette réciprocité résultera des traités qu'il faudra consulter sur ce point.

Nous ne reviendrons pas sur les traités internationaux que nous avons déjà cités à la fin du titre 1er de cette deuxième partie et qui se rapportent à la propriété industrielle en général, embrassant aussi bien les marques et dessins de fabrique que les brevets. Nous citerons seulement, à titre de document de ce genre, l'extrait suivant du décret du 28 juillet 1869, portant promulgation d'un traité entre la France et les Etats-Unis d'Amérique :

« Art. 1er. — Toute reproduction, dans l'un des deux pays, des marques de fabrique apposées dans l'autre sur certaines marchandises pour constater leur origine et leur qualité, est interdite et pourra donner lieu à une action en dommages-intérêts valablement exercée par la partie lésée devant les tribunaux du pays où la contrefaçon aura été constatée, au même titre que si le plaignant était sujet ou citoyen de ce pays.

. . . .

» Art. 2. — Les marques de fabrique dont les propriétaires résidant dans l'un des deux Etats voudront assurer la garantie de leurs droits dans l'autre devront respectivement être déposées en double exemplaire : à Paris, au greffe du Tribunal de commerce de la Seine ; à Washington, au bureau des patentes. »

La loi du 23 juin 1857 a été suivie, nous l'avons dit déjà, d'un décret d'administration publique du 26 juillet 1858, rendu pour son exécution, et de l'instruction ministérielle du 8 septembre de la même année. Les industriels ou commerçants qui voudront être admis à bénéficier des dispositions de la loi sur les marques de fabrique pourront puiser dans ces deux documents des renseignements utiles.

Une loi du 26 novembre 1873 est venue augmenter encore la protection que les propriétaires de marques rencontrent dans la loi de 1857, en leur concédant la faculté de faire ajouter au signe distinctif de leurs produits, moyennant une faible rétribution proportionnée à la valeur des objets, la garantie du poinçon de l'Etat.

Cette loi, suivie d'un décret d'administration publique du 25 juin 1874, rend plus difficile l'existence de la fraude en la plaçant sous la menace des peines sévères édictées par les articles 140 et 142 du Code pénal pour atteindre la contrefaçon des sceaux de l'Etat.

Un autre décret du 25 juin 1874 porte la création de types destinés à timbrer les étiquettes, bandes ou enveloppes de papier sur lesquelles figurent des marques de fabrique ou de commerce.

Nous nous contenterons, pour achever ce qui a trait aux marques de fabrique proprement dites, de citer les actes législatifs suivants :

Le décret du 3 septembre 1873 qui déclare applicable aux colonies la loi du 23 juin 1857.

La loi du 3 mai 1890 qui modifie l'article 2 de la loi du 23 juin 1857. Cette modification consiste dans l'obligation de joindre au dépôt, déjà prescrit, un troisième exemplaire et un cliché typographique de la marque : elle ressort du texte ci-après :

« Article unique. — L'article 2 de la loi du 23 juin 1857 sur les marques de fabrique et de commerce est modifié comme suit : nul ne pourra revendiquer la propriété exclusive d'une marque s'il n'a déposé au greffe du Tribunal de Commerce de son domicile :

» 1° Trois exemplaires du modèle de cette marque ;

» 2° Le cliché typographique de cette marque ; en cas de dépôt de plusieurs marques, appartenant à une même personne, il n'est dressé qu'un procès-verbal, mais il doit être déposé autant de modèles en triple exemplaire et autant de clichés qu'il y a de marques distinctes. L'un des exemplaires déposés sera remis au déposant revêtu du visa du greffier et portant l'indication du jour et de l'heure du dépôt.

» Les dimensions des clichés ne devront pas dépasser 12 centimètres de côté.

» Les clichés seront rendus aux intéressés après la publication officielle des marques par le département du Commerce, de l'Industie et des Colonies. »

Cette loi de 1890 a pour but, on peut s'en convaincre d'après la lecture du texte précédent, d'éviter les contestations relatives à la priorité du dépôt des marques et de faciliter leur publicité.

Le décret du 27 février 1891 portant règlement d'administration publique pour l'exécution de la loi du 23 juin 1857, modifiée par celle du 3 mai 1890, sur les marques de fabrique et de commerce.

Enfin le décret du 18 mai 894 qui rend applicable aux colonies le décret précédent.

Nous avons, au début de ce chapitre, indiqué l'existence, en dehors des marques de fabrique de certains objets ou signes distinctifs qui entrent aussi dans la propriété industrielle. De ce nombre sont les dessins de fabrique, les enseignes, l'achalandage, les médailles et récompenses industrielles, sans parler des fonds de commerce proprement dits.

Le cadre exigu de cette étude ne nous permet que de dire quelques mots sur chacun d'eux ou plutôt d'en faire une simple énumération.

Les dessins de fabrique seuls retiendront un peu plus longtemps notre attention.

Ce qui caractèrise le « dessin de fabrique » c'est sa nouveauté et son application à l'industrie. Peu importe le procédé à l'aide duquel il est appliqué à l'industrie : il suffit qu'il constitue en lui-même une conception originale, et que, par l'agencement et la combinaison des tissus ou des couleurs, il forme une œuvre propre, susceptible d'une propriété privée.

D'ailleurs, un tel dessin peut être ou ne pas être artistique ; c'est à son caractère industriel qu'il importe de s'attacher pour savoir s'il convient de lui accorder ou non la protection de la loi industrielle.

Au surplus, si le dessin appliqué à l'industrie est artistique, c'est au fabricant ou manufacturier seul qu'appartient le droit d'en poursuivre le contrefacteur en vertu de la loi industrielle ; mais cela n'empêche pas l'auteur de ce dessin de poursuivre le contrefacteur, soit dans les arts, soit dans l'industrie, en vertu de la loi du 24 juillet 1793, car par l'application qui en a été faite, le dessin n'a pas perdu son caractère artistique et est demeuré comme tel la propriété de son auteur.

En quoi consiste la protection légale accordée au propriétaire d'un dessin industriel ?

Elle consiste dans le droit accordé au manufacturier ou fabricant de revendiquer devant le Tribunal de commerce la propriété du dessin si elle vient à être usurpée.

Mais ce droit est soumis à l'accomplissement préalable de la formalité du dépôt, prescrit par analogie avec celui que nous avons vu édicter en matière littéraire et artistique par la loi du 24 juillet 1793.

C'est le décret du 18 mars 1806 qui prescrivit le premier un dépôt de ce genre ; en établissant un conseil de prud'hommes à Lyon, il chargea ce conseil des mesures conservatrices de la propriété des dessins. L'article 15 de ce décret porte :

« Tout fabricant qui voudra pouvoir revendiquer par la suite, devant le Tribunal de commerce, la propriété du dessin de son invention, sera tenu d'en déposer aux archives du conseil de prud'hommes un échantillon plié sous enveloppe, revêtue de son cachet et signature, sur laquelle sera également apposé le cachet du conseil de prud'hommes. »

La création postérieure d'autres conseils de prud'hommes permit de rendre un peu plus général l'accomplissement de ce dépôt ; mais il n'en est pas moins vrai que les fabricants dont les établissements étaient situés en dehors du ressort d'un conseil de prud'hommes se trouvaient privés d'un lieu de dépôt légal et par suite de la protection dont nous venons de parler. C'est pourquoi la loi précitée du 18 mars 1806, spéciale aux dessins sur les étoffes de soie et à la ville de Lyon, fut étendue à tous les dessins sur tissus ou impressions quelconques et à tous les lieux par l'ordonnance du 17 août 1825 dont voici la teneur :

« Charles, etc...,

» Sur le rapport du Ministre de l'Intérieur ;

» Sur le compte qui nous a été rendu des réclamations élevées par plusieurs manufacturiers dont les fabriques sont situées hors du ressort d'un conseil de prud'hommes, pour qu'il leur fût indiqué un lieu de dépôt légal des dessins de leur invention, afin d'avoir la faculté d'en revendiquer, par la suite, la propriété devant le tribunal de commerce ;

» Vu la loi du 18 mars 1806 ; la loi du 12 avril 1803, art. 18 ;

» Notre Conseil d'Etat, etc...

» Article 1er. — Le dépôt des échantillons de dessins qui doit être fait, conformément à l'article 15 de la loi du 18 mars 1806, aux archives des Conseils de prud'hommes, pour les fabriques situées dans le ressort de ces conseils, sera reçu, pour toutes les fabriques situées hors du ressort du conseil de prud'hommes, au greffe du Tribunal de commerce ou au greffe du Tribunal de première instance dans les arrondissements où les tribunaux civils exerceront la juridiction des tribunaux de commerce.

» ART. 2. — Ce dépôt se fera dans les formes prescrites pour le même dépôt aux archives du conseil de prud'hommes par les articles 15, 16 et 18 section 3, titre 2, de la loi du 18 mars 1806. Il sera reçu gratuitement, sauf le droit du greffier pour la délivrance d'un certificat constatant ledit dépôt. »

Les actes législatifs postérieurs à l'ordonnance de 1824 sont peu nombreux et peu importants. Nous ne ferons que citer : le décret du 9 juin 1861 concernant le dépôt des dessins et modèles de fabrique étrangers ; les lois des 25 mai 1860 et 5 avril 1867 relatives à la garantie des inventions susceptibles d'être brevetées et dessins de fabrique, destinés à être admis à l'Exposition universelle de 1867 et aux expositions publiques autorisées par l'administration dans toute l'étendue de la France.

Quant aux traités internationaux concernant la protection réciproque des dessins de fabrique, ils sont ceux que nous avons énumérés précédemment à propos des brevets d'invention.

Les enseignes, l'achalandage, les médailles et récompenses industrielles sont encore considérés par la jurisprudence comme une propriété dont l'usurpation engendre un recours devant les tribunaux de commerce afin de faire cesser le trouble et d'obtenir des dommages-intérêts. C'est aux tribunaux d'apprécier souverainement, selon les circonstances, si le fait reproché constitue ou non une usurpation; on devra consulter, à cet égard, les décisions de la jurisprudence.

Nous avons vu que les tribunaux civils sont compétents en matière de brevets d'invention et de marques de fabrique, tandis qu'on prescrit ou admet le recours aux tribunaux de commerce relativement aux dessins de fabrique, enseignes, etc. Ne serait-il pas préférable, et en même temps plus logique, d'établir une juridiction unique, celle des tribunaux de droit commun, pour la solution de tous les litiges concernant la propriété industrielle? Nous nous permettons d'émettre cette idée.

D'ailleurs, les limites que nous nous sommes tracées et le but que nous poursuivons dans ce modeste ouvrage ne nous permettent pas de donner, pour le moment, de plus amples développements à une matière qui intéresse si légitimement le monde des industriels et des commerçants.

TABLE DES MATIÈRES

PÉRIGUEUX. — IMPRIMERIE CASSARD FRÈRES.

RED. :

21

0 1 2 3 4 5 6 7 8 9 10

www.ingramcontent.com/pod-product-compliance
Ingram Content Group UK Ltd.
Pitfield, Milton Keynes, MK11 3LW, UK
UKHW022058260726
13993UKWH00001B/183

9 782329 229584